9/8022

Para las
pequeñas españolitas
de la Sra. López

© Editions Hemma (Bélgica)
"D. R." © MMI, por E. L., S. A. de C. V.
Dinamarca núm. 81, México 06600, D. F.
ISBN 2-8006-7194-7 (Hemma)
ISBN 970-22-0271-X (E. L., S. A. de C. V.)
PRIMERA EDICIÓN — 3ª reimpresión — I/04

Hemma y el logotipo Hemma son marcas
registradas por Editions Hemma, S. A.

Impreso en México — Printed in Mexico

Historias para devorar

Ilustraciones de François Ruyer

Textos de
Marie-José Bardinat, Françoise Bobe, Anne-Christine Dussart, Héloïse,
Patricia Kawa, Françoise Le Gloahec, Nathalie Longueville, Crépin Nkot,
Véronique Tardivel, Marc Van Laere, Daniel Verzwymelen

Traducción de María del Pilar Ortiz Lovillo

Adaptación de Remedios Martínez Galán

Cresta Roja

Daniel Verzwymelen

Había una vez un granjero que se llamaba Jacinto. Era un anciano muy feliz. Se sentía muy orgulloso de los animales de su granja a quienes cuidaba y alimentaba con mucho amor.

En el pueblo se decía que su corral era el más hermoso de la región. Gallinas, patos, gansos y pavos tenían el plumaje tan brillante que el sol se reflejaba en él como un espejo.

Cada noche, cuando la oscuridad lo envolvía todo con su negro manto y los animales del corral entraban al gallinero, Jacinto se apresuraba a cerrar la puerta. Debo decir que el bosque no estaba muy lejos y que, por las noches, el zorro Marvin rondaba, buscando con qué deleitar la comida de su pequeña familia..., y nadie rechazaría un tierno pollo. Colette, una linda y joven pollita un poco atolondrada, no corre el riesgo de olvidarlo. Una noche, tras haber hecho más locuras de las que tenía por costumbre en busca de un último gusano imprudente, Colette encontró la puerta del gallinero cerrada; la oscuridad había caído cuando le ocurrió una terrible aventura. Todavía tiene en su soberbio plumaje una mancha de color claro, en el lugar donde la terrible quijada del zorro se cerró logrando arrancarle un puñado de plumas. Cada vez que lo recuerda, su corazón empieza a latir muy fuerte. Vuelve a verse corriendo y batiendo las alas, perseguida por el zorro y sintiendo su cálido aliento cerca del pescuezo. Colette salvó su pellejo gracias al viejo sauce llorón del patio que la acogió entre sus ramas durante las largas horas de angustia y de llanto. Desde esa terrible noche, es la primera en regresar al gallinero. Así el granjero puede dormir tranquilo.

Todos los días, al ocultarse el sol, las aves del corral regresaban tranquilamente a instalarse en las perchas del gallinero.

¿Todas? Bueno, casi todas.

Porque Cresta Roja, el gallo, al que llamaron así por su espléndida cresta roja, adorno que llevaba como el quepis de un general, se había vuelto caprichoso desde hacía varios días.

Por las noches, se quedaba mucho tiempo fuera, y Jacinto, el viejo granjero, debía esperar con mucha paciencia a que Cresta Roja decidiera entrar en el gallinero.

"¿Acaso no soy el rey del corral? ¡Un rey hace lo que quiere!", parecía decir con su ruidoso quiquiriquí.

Jacinto lo había intentado todo...

La dulzura y las amenazas... Pero nada cambiaba. El tal Cresta Roja hacía su santa voluntad.

Una noche lluviosa, el anciano estaba bastante enojado.

—¡Ah! ¿No quieres regresar, Cresta Roja? ¡Pues bien, quédate fuera! ¡Lo siento por ti!

Y Jacinto cerró la puerta del gallinero.

Cresta Roja se quedó solo en el patio, inflando orgullosamente su pecho. Casi ni sentía la lluvia que le mojaba las plumas.

¿Qué podía temer un gallo tan hermoso, tan fuerte, tan astuto como él...? La lluvia empezó a caer con más fuerza y la noche se volvió más oscura... De pronto... CHIRRING... La cerca del patio rechinó igual que cuando Tarzán, el perro de la casa, la empujaba al regresar de sus paseos.

Ese enorme perro de Flandes, no muy agradable, podía permitirse todo... Mas Tarzán ya hacía mucho tiempo que había regresado... Debía estar echado ante la chimenea, el gran perezoso... De pronto...

¿De quién serán esos ojos que brillan en la oscuridad...?, se preguntó Cresta Roja.

Por primera vez en su vida, el gallo sintió mucho miedo.

Empezó a lamentar no haber escuchado a Jacinto, el viejo granjero... Si lo hubiera obedecido, estaría en su cálido gallinero, en medio de sus gallinas, escuchando los chismes y cotilleos del día...
En lugar de eso, estaba empapado y debía buscar un lugar para esconderse...

"¡Vaya! Parece que los dos ojos brillantes se acercan", pensó. Y por momentos, le parecía que relucían, a la luz de la luna, dos hileras de perlas blancas...
Perlas... ¡O dientes!
¿Sería...?
Sí, era Marvin, el temible zorro, ¡el terror de los gallineros!
Ahí estaba, muy bien plantado sobre sus cuatro patas, aspirando el aire, con la mirada encendida...
"Esta vez todo acabó para mí, se dijo en voz baja el pobre Cresta Roja. Y pensar que me burlé de la pequeña Colette cuando me contó su aventura con el zorro... ¡Esta vez estoy perdido!"

En efecto, Marvin lo había visto y se preparaba a saltar sobre él. Cresta Roja empezó a correr con todas sus fuerzas, con el zorro pisándole los espolones...

Sólo un metro los separaba. Cresta Roja no podía más. Volvió ligeramente la cabeza hacia atrás y descubrió, bien abierto, el hocico del zorro.

Agotado de tanto correr, Cresta Roja se preparó a sufrir la ley del más fuerte... y se imaginó estar dentro de las fauces del zorro.

A través de una ligera neblina, apreció vagamente que, entre el camino y el muro del establo, había un espacio pequeño por el cual, para su buena suerte, logró deslizarse.

Parecía que el corazón de Cresta Roja se le iba a salir del pecho...

Marvin se detuvo y, en vano, trató de meter el hocico en el improvisado escondite.

Como no lo logró, empezó a vagar por el patio, fingiendo que se iba....

Pero regresaba a cada momento, despertando el miedo del pobre Cresta Roja.

Los primeros resplandores del día obligaron a Marvin a regresar a su madriguera...

Agotado y empapado, Cresta Roja pudo dormirse al fin...

¿Qué era esa pobre bolita de plumas mojadas que el granjero descubrió al amanecer?

—Cresta Roja, le dijo con cariño, tienes el aspecto de haber pasado muy mala noche.

Y tomando al pobre animalito entre sus manos, gruesas y callosas, Jacinto lo llevó al establo y lo colocó entre dos manojos de paja. Dos horas más tarde, Cresta Roja salió al patio bañado de sol, con la cabeza bien alta y la mirada reluciente...

Los animales del corral lo rodearon rápidamente...
Cresta Roja pasó toda la mañana contando su aventura, y les dijo que fue más astuto que el zorro.
Olvidó, por supuesto, hablar de sus temores. Es cierto, los gallos tienen la cabeza muy pequeña...

En el corral sólo se escucharon suspiros y gritos de admiración.
Algunas pollitas incluso llegaron a afirmar que Cresta Roja pasaría con gusto otra noche fuera.
Qué extraño... Porque después de esa noche, cuando empieza a oscurecer, Cresta Roja es el primero en acomodarse en su percha y, desde lo alto, invita al resto de los animales a que se vayan a dormir...

El gigante que ya no quería ser gigante

Marc Van Laere

Hace muchos, pero muchos años, en una montaña cercana a un hermoso pueblo, vivía un gigante. Era tan enorme, que hasta a los otros gigantes les parecía muy grande. Sin embargo, al contrario de muchos gigantes, este era un hombre bueno y amable que adoraba a los niños.

Por desgracia, ellos le tenían mucho miedo.

Cuando algún niño hacía una travesura o era desobediente, sus padres lo amenazaban:

—¡Si no te portas bien, el gigante vendrá y te llevará con él!

Por eso le tenían tanto miedo.

Y el gigante se sentía muy desdichado.

De vez en cuando, el gigante dejaba su castillo de la montaña y bajaba al pueblo con los bolsillos repletos de dulces.

Al llegar a las primeras casas, decía:

—Niños, soy yo, su amigo el gigante. Vengan a saludarme.

En cuanto escuchaban su ronca voz, los niños corrían a esconderse en sus casas, y sus padres cerraban puertas y ventanas. Las calles quedaban vacías y el pueblo parecía estar muerto.

El gigante, muy triste porque nadie lo quería, regresaba cabizbajo a su castillo de la montaña.

Un buen día decidió que las cosas no podían seguir así. Debía encontrar un medio para no asustar a los niños... Sí, pero, ¿cuál?

Entonces se le ocurrió una idea: tenía que convertirse en un pequeño gigante, sí, en un pequeño gigante...

Aunque de hecho, era necesario que tuviera una talla normal, como toda la gente que veía a lo lejos. Así los niños no huirían cuando se acercara y al fin podría jugar con ellos y darles dulces.

"¡Eso, pensó, es lo que tengo que hacer!"

Pero era más fácil decir que hacer...

Entonces se acordó de una anciana bruja que vivía en el bosque, a tres días de camino. Si alguien podía ayudarlo, era ella.

De inmediato se puso en camino. Durante largo tiempo cruzó montes y valles. Atravesó ríos, se abrió paso entre los bosques impenetrables... Nada podría impedirle que continuara su camino, ¡él quería ser pequeño!

Al tercer día, por fin pudo ver el claro del bosque, donde se decía que vivía la bruja. En efecto, allí había una miserable cabaña. El gigante empezó a llamarla: "¡Señora bruja!..., ¡hola!, ¡hola!...", mas nadie le respondía... El silencio a su alrededor era total. ¡Cuando el gigante se inclinó para ver el interior de la cabaña, se dio cuenta de que estaba vacía!

Y es que, al escuchar los pasos del gigante que se acercaba haciendo temblar la tierra, la bruja sintió tanto miedo que huyó a lo más profundo del bosque.

—¡Señora bruja!, volvió a llamar nuestro gigante con su más potente voz, no quiero hacerle daño. Sólo necesito que me ayude a tener una talla normal para que los niños no me tengan miedo.

Al oír esas palabras, la bruja salió con prudencia de la espesura del bosque. Miró detenidamente al gigante y, como le pareció una buena persona, le dijo:

—Escucha. Voy a tratar de ayudarte. Espérame aquí mientras busco en mi libro mágico la fórmula que me permitirá volverte pequeño.

Después de decir estas palabras, desapareció en el interior de su choza.

El gigante recuperó sus esperanzas. ¡Por fin iba a tener una talla normal! Se sentó cómodamente sobre el césped y esperó con paciencia el regreso de la bruja…
Mientras tanto, la bruja había mezclado, en una gran olla negra, toda clase de hierbas y otros ingredientes misteriosos que puso a hervir, a fin de preparar una poción cuyo efecto era hacer a la gente más pequeña.

Murmuró unas palabras mágicas que sólo ella conocía, y salió de su cabaña diciendo:

—¡Ya está! Esto debe funcionar. Bebe esta poción, y todo se arreglará.

Sólo había un pequeño problema… Como el gigante era tan, pero tan grande, y la bruja era tan, pero tan pequeña, ¡no podía darle de beber! La hechicera fue a buscar una gran escalera y, con mucho cuidado para que la poción no se derramara, subió con dificultad peldaño tras peldaño, hasta llegar a la cabeza del gigante.

—Abre bien la boca, le dijo, y tómate esto de un solo trago.

El gigante bebió la poción.

En ese mismo instante, sintió cómo se hacía pequeño, pequeño, cada vez más pequeño… ¡incluso más pequeño que la escalera que empezó a oscilar, hasta inclinarse tanto que se cayó, provocando un gran estruendo al quebrarse la madera! La bruja cayó cuan larga era en los matorrales. ¡No solamente nuestro pobre gigante ya no era un gigante, sino que había reducido tanto, tanto su tamaño, que ahora apenas tenía la talla de un enano!

¿Qué había pasado?
Simplemente esto: la bruja, al querer preparar una porción acorde con la talla del gigante, había equivocado las cantidades y exagerado la dosis. Esto no resolvía el problema de nuestro gigante… ¿O debería decir de nuestro enano?

—Señora bruja, exclamó enojado, ahora deberá preparar un remedio que me permita recobrar una talla conveniente. ¡Y que sea pronto! ¿Entendió?

La bruja, encorvada por la caída, se dedicó a buscar en su libro mágico una fórmula para hacerlo crecer. La encontró rápidamente, y a toda velocidad preparó una nueva pócima que en seguida ofreció a nuestro amigo.
Aturdida por la caída y asustada por el gigante, la bruja se equivocó una vez más y el gigante empezó a crecer y crecer. No tanto como antes, pero otra vez su tamaño era demasiado grande.

Nuestro gigante decidió tomar las cosas en sus manos. Mezcló las dos pociones mágicas; la que lo había convertido en un enano, y la que lo había hecho muy grande, preparándose así el remedio ideal. Lo tomó de un solo trago... glú, glú, glú... y brincó de alegría al darse cuenta de que ¡por fin! tenía una talla normal: era un señor como otro cualquiera.

Tras darle las gracias a la bruja, y muy contento por haber reducido su enorme tamaño, nuestro amigo regresó a su castillo.

Sin embargo, al llegar a su casa se encontró con una nueva dificultad. No podía introducir la llave en la cerradura de la gran puerta del castillo, ¡ahora estaba fuera de su alcance!

Afortunadamente, pudo entrar por una de las ventanas.

Rápidamente llenó sus bolsillos de dulces y descendió a toda velocidad por el camino que llevaba al pueblo.

¡Qué feliz estaba! Ahora los niños no huirían al verlo.

Cuando llegó a la altura de las primeras casas, no podía creer lo que oía ni lo que veía: los aldeanos que encontraba en su camino en lugar de huir, le decían: ¡Buenos días!, o pasaban cerca de él sin prestarle atención. ¡Realmente se había convertido en una persona como las demás!

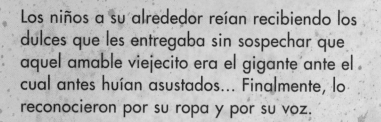

Los niños a su alrededor reían recibiendo los dulces que les entregaba sin sospechar que aquel amable viejecito era el gigante ante el cual antes huían asustados... Finalmente, lo reconocieron por su ropa y por su voz.

Desde ese día, nuestro "gigante" baja con frecuencia al pueblo donde siempre está rodeado de los niños que lo consideran su mejor amigo.

¿Por qué el lenguado es un pez tan plano?

Françoise Bobe

Hace mucho tiempo, vivía en el océano un pequeño pez que siempre estaba haciendo preguntas: "¿Existe algo más que no sea el océano y los peces? ¿De dónde viene toda esta agua?"

A los otros peces les molestaba tener que responderle. Hasta que un día encontró a un pez muy sabio que le dijo:

—¡El océano es INMENSO! ¡Pero existen ríos y arroyos desde donde pueden verse las dos orillas a la vez! En el océano eso no es posible... El agua viene del cielo y también de la tierra a través de manantiales. ¡Son maravillosos! El agua sale del suelo como si fuera un sollozo.

Desde aquel día, el pequeño pez sólo tenía una idea en la cabeza: llegar hasta un manantial. Los otros peces se burlaban de él:

—Estás loco, no lo lograrás jamás. El agua dulce es tan desabrida que podrías morir.

Pero nada detuvo al pequeño pez curioso. Nadó durante mucho tiempo por el océano. El viaje fue tan largo que, sin darse cuenta, había crecido. ¡Hasta estaba un poco gordito! Finalmente el paisaje fue cambiando. Un día, preguntó a los peces que pasaban cómo podría llegar a su destino.

—¡Síguenos!, le respondieron.

Acababa de hablar con los salmones; ellos conocían muy bien el camino pues cada año remontaban el río.

Nadar en contra de la corriente no era nada fácil. Había que luchar con la fuerza del agua. Estuvo a punto de asfixiarse varias veces. Afortunadamente, los salmones lo ayudaron. ¡Pero todavía no llegaba! Mientras hacía burbujas pensaba: "Es cierto, el agua está desabrida, pero no importa, me acerco a la meta".

De pronto saltó de alegría; ante sus ojos aparecieron las dos orillas.
"¡El pez sabio tenía razón!", pensó.

Después le preguntó a una trucha:
—¿Qué es aquello que se ve sobre la orilla?
La trucha abrió los ojos muy asustada.
—¡Cuidado! ¡Es un pescador! ¡Aléjate de su anzuelo! ¡Si te pesca, ya no verás el manantial!
El pequeño pez se desvió un poco y prosiguió su camino.

Conforme se acercaba, el caudal de agua disminuía y el riachuelo se volvía estrecho. Pronto su vientre empezó a rozar las piedras.

—¡Vaya!, dijo, ¡Parece que ya estoy cerca del manantial!

Entonces el pez hundió el vientre, se estiró, se alargó y se aplanó tanto como pudo. Hasta se quedó varios días sin comer. No pensaba más que en aplanarse. Fue así como el pequeño pez, que era más bien gordito... ¡llegó a ponerse plano! Por fin logró llegar a ese lugar maravilloso donde el agua brota del manantial. Escuchó durante mucho tiempo el murmullo del agua y después, muy contento, emprendió su regreso hacia el océano.

A partir de entonces, comiera lo que comiera, ese pez conservó la forma que todavía tiene.

¡Se dice que fue después de esa aventura cuando el lenguado se convirtió en un pez plano!

Pom–Pom cura a sus amigos los animales

Marc Van Laere

—¡Ay! ¡Bú, bú, bú! ¡Me siento muy mal!
Eso es lo que oyó Pom–Pom un día, cuando trabajaba en el bosque detrás de su pequeña cabaña.
"¿Qué pasa?", pensó, "Debo ir a ver quién llora con tanta pena". Dio la vuelta a su casita y descubrió, colgada de una flor, a una linda mariposa que era su amiga.
—Mariposa, ¿qué te pasa?, le preguntó Pom–Pom.
—¡Oh, Pom–Pom!, respondió la mariposa. Quizá puedas ayudarme. ¡Creo que me rompí un ala y me duele mucho!

Pom–Pom, que sabe un poco de medicina, le respondió:
—Muéstrame dónde te duele, veré qué puedo hacer.
Examinó a la mariposa y vio que, en efecto, el ala estaba rota... Era evidente que estaba sufriendo mucho.
—Bien, dijo Pom–Pom. Te voy a curar.
Regresó a su casa, buscó algunas hierbas y algunas hojas, machacó todo en un mortero, hizo una pasta y regresó junto a su amiga la mariposa.

22

Lo que tú quizá no sabes, es que
Pom–Pom, como vive en el bosque y está
en contacto con la naturaleza, conoce bien
las plantas y las hierbas silvestres... Él sabe cuál utilizar
cuando un enfermo está herido... Y así puede aliviar a los
amigos que van a buscarlo.

—Mariposa, le dijo Pom–Pom. No te muevas. Voy a curar tu ala.
Pom-Pom le untó la pomada en el ala rota, la inmovilizó con ayuda de dos
ramitas y le dijo:
—Ahora no te muevas durante dos o tres días, y tu ala estará completamente
curada. Así podrás volar como antes.
La mariposa estaba tranquila y ya casi no sufría. Se sentía muy bien. Le agradeció
su ayuda a Pom-Pom, y se fue caminando porque todavía no podía volar.

Por el camino, nuestra mariposa se encontró con un jabalí. El jabalí gemía de
dolor:
—Me atreví a entrar en unas zarzas llenas de espinas y
algunas se quedaron clavadas en mi hocico. Me duele
muchísimo y no puedo arrancármelas.
—¡Ah!, le respondió la mariposa. Ve a ver a Pom-
Pom, es formidable; él puede ayudarte. Ya
verás, te curará en menos que canta un
gallo.
El jabalí, gimiendo, se dirigió a la
casa de Pom-Pom, quien le dijo:
—¡Ya veo lo que te pasa!,
acuéstate ahí. Regresaré en un
momento.

Pom-Pom escogió unas hierbas, las puso a hervir en una olla con un poco de agua del estanque y preparó una buena pomada, tomó unas pequeñas pinzas y regresó al lado del jabalí.

Se acercó, examinó su nariz y arrancó las espinas. ¡Qué alivio! El jabalí casi no sintió nada.

—Aquí está la pomada, le dijo Pom-Pom. Ponte un poco cada mañana sobre la herida. Verás como en unos días estarás completamente curado y podrás escarbar de nuevo la tierra para buscar granos, papas e insectos.

El jabalí, muy feliz, agradeció su ayuda a Pom-Pom y volvió al bosque. Por el camino encontró a un ciempiés; parecía sufrir mucho y casi no podía caminar.

—¿Qué te pasa?, le preguntó. ¿Qué tienes?

El ciempiés le respondió:

—Caminé sobre las ortigas, que me picaron. Y ahora me arden mucho mis patas. Por lo menos cincuenta patas que me duelen como doscientas.

—¡Vaya, vaya!, respondió el jabalí. Sólo puedes hacer una cosa: ve a ver a Pom-Pom. Es un verdadero mago. Me curó y curó a la mariposa. Si alguien puede ayudarte es él.

Dicho y hecho, el ciempiés se arrastró sobre sus otras cincuenta patas y fue a ver a Pom-Pom.

—¡Oh no!, exclamó Pom-Pom. ¿Qué te pasó?

—Pues resulta, contestó el ciempiés, que caminé por encima de las ortigas. Y ya sabes cómo duelen cuando te tocan la piel. Es insoportable. Por favor, haz algo pronto para que se me quite.

—Acuéstate de lado. Voy a quitarte esa molestia, le dijo Pom–Pom. Entró a su casa, escogió algunas hierbas que sólo él conocía, agregó un poco de agua y lo mezcló todo hasta que obtuvo un ungüento suave. Regresó a donde estaba el ciempiés que seguía quejándose.

—Cuidado, le aconsejó Pom-Pom. No te muevas. Voy a untarte las patas con mi ungüento. Ya verás, en pocos minutos, el dolor desaparecerá. Y como un milagro, unos minutos después, el ciempiés se sintió completamente curado de sus cien patas.

Muy contento, el ciempiés agradeció a Pom-Pom su ayuda y se marchó a toda la velocidad que le permitían sus cien patas.

Después de esta dura jornada, Pom-Pom pensó que había trabajado muy bien, y decidió que merecía una buena siesta. Se acostó sobre la hierba suave, cerró los ojos y en seguida se durmió.

A su alrededor sus amigos, los animales del bosque, murmuraban:

—¡Chsss! No debemos hacer ruido, nuestro amigo Pom–Pom está descansando.

La viejecita Mariana y el gato Murat

Héloïse

Hace muchísimos años, en el País de Antaño, había una choza en el corazón de un bosque donde vivía una viejecita, arrugada y encorvada que se llamaba Mariana. Era muy pobre y todo el día transportaba haces de leña sobre la espalda, para poder calentarse en invierno. Vivía sola con su gato de angora que respondía al nombre de Murat. El gato era hermoso, orgulloso y perezoso. Pasaba el tiempo descansando delante de la chimenea que la anciana prendía. No cazaba, ni ronroneaba nunca, para desesperación de su ama.

La anciana podía acariciarlo, calentarlo, alimentarlo, darle su más hermoso almohadón, pero no servía de nada. Vivía para su gato. Lo idolatraba, lo consentía mucho, se privaba de todo por Murat. El gato sin embargo se burlaba de ella, le parecía que todo lo que hacía por él era lo más natural. Cuando Mariana no llevaba a cabo lo que él quería, se levantaba, se estiraba y salía de la choza con aire despectivo. Entonces, la anciana lloraba y le suplicaba:

—Te lo ruego, Murat, no me dejes sola, dime qué es lo que más te gustaría y lo haré.

—¡Puff!, respondía el gato con desprecio.

26

"¿Qué podría hacer yo para que mi gato sea más feliz?", pensaba la anciana. "Si tuviera oro, podría ofrecerle lo más hermoso de todo, los platillos más deliciosos, así estaría más contento y ronronearía. ¡Estoy segura de que esta choza no es tan bonita como él la merece!"

Un día, la anciana salió a buscar leña para su chimenea en lo más profundo del bosque. De pronto cayó fatigada, al pie de un árbol.

"¡Ya no puedo más!, gimió. Es demasiado duro, mis piernas ya no me sostienen".

La noche cayó y Mariana, sentada al pie del árbol, lloraba con mucha pena.

"¿Qué será de Murat, si no le llevo leña para que se caliente? A él que le gusta tanto el calor. Quizá puedo morirme aquí…"

Sus lágrimas caían sobre las raíces del árbol cuando, de repente, escuchó una voz que le decía:

—¡Deja de llorar, Mariana!

La anciana, sorprendida, miró a su alrededor.

—¿Quién habla?, preguntó inquieta porque no veía a nadie.

—¡Soy yo, el castaño! ¡Estás sentada sobre mis raíces, Mariana!

—¡Oh, un árbol que habla! Nunca vi algo así, exclamó la anciana.

—Sí, yo sé que es sorprendente, pero como estás en el corazón del bosque y aquí todo el mundo habla, pues también yo. ¡Veo que estás muy triste!

27

—Pues sí, castaño, mis piernas ya no resisten más. ¡Estoy tan vieja! No sé si podré volver a casa y mi gato Murat me espera.

—Conozco tu historia, Mariana. Te he visto pasar cerca de mí muchas veces. Y he visto también a tu gato Murat: es cruel, perezoso y orgulloso. Aquí en el bosque, todo el mundo desconfía de él. Tú eres demasiado buena con él, Mariana.

—¡Simplemente lo quiero!, respondió la anciana.

—¡Sí, sí, por supuesto! ¿Pero él, te quiere a ti? Lo que él quiere, antes que nada, es el cálido rincón que tú le ofreces y la comida que le preparas. ¡Estoy seguro de que nunca ronronea cuando lo acaricias!

—Es cierto, castaño, ¿cómo lo sabes?

—¡Lo suponía! Es tan egoísta que piensa que todo se lo merece. ¡Por supuesto es muy hermoso, pero eso no basta!

—¿Qué podré hacer para que ronronee cuando lo acaricio? ¡Es mi mayor deseo!

—¡Sólo soy un viejo castaño! No puedo darte muchos consejos. Pero he visto tantas cosas a lo largo de mi vida... ¡Encontrarás la verdad en ti misma, ya verás!

Un búho que descansaba en una de las ramas del castaño y que lo había escuchado todo, entró en la conversación.

—El castaño tiene razón, Mariana. ¡Tu Murat no es un buen gato! Siempre recibe pero nunca da. ¡Eso no es justo y no te lo mereces! ¡He visto cómo se porta con los pajaritos y los ratones, es muy cruel!

—¡Oh!, exclamó Mariana. Me da mucha tristeza todo lo que dicen. ¿Pero qué puedo hacer para que ronronee? ¡Quizá si yo fuera más rica, él sería más feliz!

—¡Si no te quiere Mariana, no ronroneará nunca y el amor no se compra! ¡Se ama o no se ama!, respondió el búho.

Esta conversación despertó a la lechuza, quien también dio su opinión.

—¡A mi parecer, Mariana, lo consientes demasiado! ¡Déjalo fuera durante algún tiempo para que aprecie el rincón que está cerca de la chimenea y las comidas! ¡Ya verás como se sentirá muy contento al regresar al calor de la chimenea y empezará a ronronear!

—¡Quizá tengan razón!, exclamó Mariana. Pero por el momento soy incapaz de caminar hasta mi casa, estoy demasiado cansada.

—Escucha, dijo el búho. Conozco un lugar donde podrás descansar esta noche y recobrar tus fuerzas. Sígueme, no está muy lejos.

La anciana dio las gracias al castaño y a la lechuza, y se levantó con mucho trabajo para seguir al búho. Éste la condujo hacia un refugio natural, hecho de ramas y de hojas muy tupidas. En el suelo, un tapete de tierna hierba acogió el cuerpo cansado de la anciana.

—¡No te preocupes, Mariana! ¡Vamos a cuidarte! ¡Buenas noches!

La anciana, más tranquila, agradeció al búho lo que había hecho por ella y se durmió.

A la mañana siguiente la despertaron unos suaves maullidos. Descubrió junto a ella a un adorable gato salvaje.

—¡Oh, qué bonito eres!, exclamó Mariana acariciándolo. El gato, feliz, se puso a ronronear de gusto.

La anciana estaba tan contenta al escuchar los ronroneos del gatito, que decidió adoptarlo.

—¡Eres muy gracioso, gatito, te llamaré León!

Voy a llevarte a mi casa y, ya verás, serás muy feliz.

Dicho y hecho.

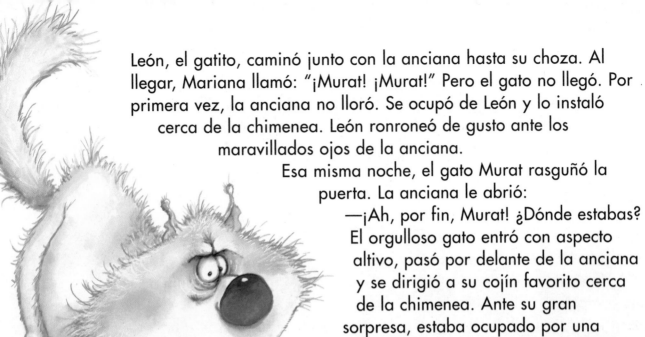

León, el gatito, caminó junto con la anciana hasta su choza. Al llegar, Mariana llamó: "¡Murat! ¡Murat!" Pero el gato no llegó. Por primera vez, la anciana no lloró. Se ocupó de León y lo instaló cerca de la chimenea. León ronroneó de gusto ante los maravillados ojos de la anciana.

Esa misma noche, el gato Murat rasguñó la puerta. La anciana le abrió:

—¡Ah, por fin, Murat! ¿Dónde estabas? El orgulloso gato entró con aspecto altivo, pasó por delante de la anciana y se dirigió a su cojín favorito cerca de la chimenea. Ante su gran sorpresa, estaba ocupado por una horrible bolita de pelos. Se enojó mucho, se erizó y maulló malévolamente. El gatito tuvo miedo y corrió a esconderse debajo de la falda de la anciana.

—¡Basta, Murat! ¡Ya basta!, gritó Mariana enojada. El gato Murat miró con furia a León, el gatito, y sacó las garras, se preparó para tomar su almohadón a la fuerza, pero la anciana intervino.

—¡No, Murat, se acabó! Ahora tú dormirás en el otro cojín. ¡Eso o nada! Asombrado, el gato miró a la anciana, sin creer lo que estaba oyendo. ¡Cómo era posible que ese horrible gato le hubiera quitado su lugar! ¡Por su culpa la anciana ya no lo quería!

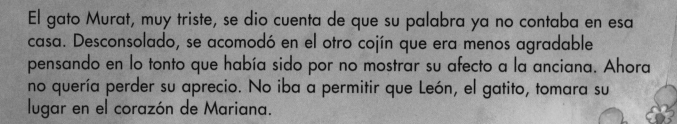

El gato Murat, muy triste, se dio cuenta de que su palabra ya no contaba en esa casa. Desconsolado, se acomodó en el otro cojín que era menos agradable pensando en lo tonto que había sido por no mostrar su afecto a la anciana. Ahora no quería perder su aprecio. No iba a permitir que León, el gatito, tomara su lugar en el corazón de Mariana.

Sentada en la única silla que tenía, entre Murat y León, la anciana escuchó de repente un ronroneo tan bonito y tan fuerte en la habitación, que se sintió conmovida.
¡El gato Murat ronroneaba al fin! ¡Eso quería decir que la amaba!
¡No necesitaba oro como pensaba! ¡El búho tenía razón, el amor no se compra!
Así, la anciana y sus dos gatos vivieron felices y en armonía hasta el fin de sus días.

Zorrito

Françoise Bobe

Zorrito estaba en su madriguera y tenía hambre. Fuera la nieve lo había cubierto todo. Decidido, se puso su abrigo de invierno y salió de casa. Pero aunque era blanco como la nieve, no podía ocultarse, ¡porque Zorrito tenía el hocico puntiagudo y los ojos traviesos delineados de negro!

La nieve era muy fina y blanda. Zorrito quería jugar, correr y saltar. Se divirtió pateando la nieve y haciéndola volar a su alrededor. Rodó feliz por la nieve y olvidó que tenía hambre. Al levantarse, sintió mucho calor, así que masticó un poco de nieve para calmar su sed. Entonces descubrió unas huellas desconocidas.

Se acercó, husmeó el suelo y hundió una pata en la nieve para comparar las huellas.

"¡Qué largas son!... ¿De quién serán? ¿Quién habrá pasado por aquí?... ¡Para saberlo, sólo tengo que seguir el mismo camino!", pensó el zorrito travieso.

Sin pensarlo mucho se puso en marcha. Anduvo durante mucho tiempo junto a las huellas misteriosas. ¡De pronto éstas desaparecieron! ¡No había nada! Miró al cielo, ¡parecía que habían volado!

No, Zorrito estaba cerca de un lago congelado donde ya no se veían los pasos desconocidos. "Si sigo adelante, seguro que los encontraré del otro lado", pensó Zorrito, malicioso.

Prosiguió su camino, pero al llegar al centro del lago congelado, se detuvo. Su corazón empezó a latir con fuerza, tenía la impresión de que latía sobre su cabeza: "¿Y si se rompiera el hielo?" Un largo escalofrío recorrió su cuerpo. "¡No! ¡No!", repitió cerrando los ojos. Por fin recuperó el aliento.

Continuó caminando sobre la punta de sus patas para hacerse más ligero, ¡tan ligero que el hielo no pudiera romperse! Y... llegó al otro lado. Allí, efectivamente, volvió a encontrar las huellas sobre la nieve. Olvidó el miedo y prosiguió su camino.

En el gran valle que atravesaba, vio con sorpresa que las huellas tan largas aquí, se volvían muy pequeñas allá, en el horizonte. Se sentó un momento y reflexionó: "¿Quién pudo hacer un viaje tan largo?... ¿Para ir hacia dónde?"
Zorrito no se desanimó. Acabaría por saberlo y siguió su camino a buen paso.

Cuando las huellas lo condujeron otra vez al bosque se preguntó si no lo llevarían de nuevo a su madriguera. Estaba muy enojado. "¿Tuve que dar toda esa vuelta para regresar a la puerta de mi casa?"

Respiró profundamente, trató de conservar la calma y regresó a su madriguera. De pronto, olvidó su enojo. ¡En la puerta había un paquete azul y rosa! Entrecerró sus ojos traviesos, delineados de negro, para ver mejor las letras plateadas escritas sobre la cinta y leyó en voz alta:
—¡Feliz Navidad!
Entonces comprendió que había seguido las huellas de los pasos de Santa Claus. ¡Él no sabía que ese día los zorritos también recibían un regalito!

Un extraño regalo de Navidad

Françoise Le Gloahec

Por la sombría calle de un pequeño pueblo, un niño caminaba, con su gorra encajada hasta los ojos. No hablaba. ¿Qué hacía fuera de su casa con un frío como ése, cuando podía estar durmiendo en su cálida cama? Pero para dormir cómodamente debajo de un edredón hay que tener una casa y, desde esa mañana, Julián y Francisco, su padre, ya no la tenían, porque hacía tiempo que Francisco no encontraba trabajo.

Sin embargo, Julián no se sentía infeliz. Le alegraba pensar que algún día, una buena noticia cambiaría su vida. Sin embargo, ahora, ¡Francisco tenía que encontrar un lugar donde pasar la noche!

Se detuvieron ante la puerta de una gran casa deshabitada que tenía las ventanas cerradas. Francisco se decidió: "¡Qué le vamos a hacer! El frío es intenso y Julián puede enfermar. ¡Entremos!"

Con cautela, Francisco abrió la cerradura de la pequeña puerta. Julián temblaba de miedo, de frío y de un poco de vergüenza también. ¡A los ocho años es difícil reconocer el bien del mal!

Adivinaba que su padre quería protegerlo del frío. Pero sabía que estaban en una casa extraña sin autorización de sus dueños. Francisco descubrió algunas provisiones en la cocina:
—Acércate hijo, haré algo de comer.
La comida y el calor de la calefacción que había encendido su padre acabaron con las fuerzas de Julián.

—Vamos a ver dónde podemos dormir. No te preocupes.
No dañaremos nada y limpiaremos todo antes de irnos. Descansa tranquilamente.
El niño se durmió y Francisco se sentó en el sillón del salón.
Al poco rato se adormeció.

El bullicio y las risas de algunas personas, y luego un grito de sorpresa, lo sacaron bruscamente de sus sueños.

Había amanecido, Francisco comprendió que una familia acababa de entrar en la casa.

—¿Qué hacen en mi casa?, preguntó un hombre que llevaba un abrigo cubierto de nieve.

—¿Quién les dio permiso para instalarse aquí?, agregó una dama.

—¡Por favor, discúlpenme! Hacía tanto frío esta noche…

—¡Esa no es una razón! ¡Voy a llamar a la policía!

—¡No, se lo suplico, no hagan eso!

En ese instante apareció Julián, que se había despertado con los gritos.

—¡Pronto, Julián! ¡Vámonos!, dijo Francisco.

En ese momento una pequeña niña se acercó a ellos, sonriéndole a Julián.

—Me llamo Carolina, ¿y tú? ¡Ven conmigo! ¡Voy a mostrarte mis juguetes!

Julián miró a su padre. Pero fue el hombre del abrigo quien tomó la palabra:

—Pues bien, los niños son más razonables que nosotros. Vamos a sentarnos y hablaremos con calma.

Francisco contó su vida y habló de su mala fortuna. La mamá de Carolina propuso conmovida:

—La casa es grande; pueden pasar la Navidad con nosotros. Nos ayudarán a decorar el árbol y a preparar la cena de Año Nuevo. Esperamos la visita de algunos familiares.

—Pero es que…, titubeó Francisco sorprendido. No quiero molestarlos.

—Es Navidad para todo el mundo, diga que sí, agregó el padre de Carolina.

—Es usted muy amable. Acepto por Julián.

Así fue como se conocieron y se hicieron amigos. A medianoche, Julián descubrió debajo del árbol algunos regalos con su nombre. Uno de ellos le sorprendió: era una caja envuelta con un bonito lazo.

—Es un regalo de Carolina. Ella dice que se lo pidió directamente a Santa Claus para ti, explicó la mamá de la niña.

—¡Es cierto! ¡Te va a encantar!, agregó Carolina con aire misterioso.

Julián abrió lentamente el regalo envuelto con papel rojo y dorado. En el interior descubrió un rompecabezas de muchos colores, que seguramente era muy difícil armar. Julián le sonrió a Carolina, pero pensó que nunca podría terminarlo. Él no tenía casa y, por lo tanto, tampoco un cuarto ni una mesa sobre la cual armarlo. Besó agradecido a la niña. La velada fue muy alegre y Francisco estaba feliz al ver a los niños jugar cerca del árbol de Navidad.

Más tarde, en el cuarto de Carolina, Julián le propuso:

—¿Y si empezamos a armar el rompecabezas?

—De acuerdo, pero parece muy difícil.

—¡Primero haremos toda la orilla! Así es más fácil, sonrió Julián.

Cuando terminaron el marco, Carolina se quedó profundamente dormida. Julián siguió con los minúsculos rostros del rompecabezas. Un ojo azul... la punta de una nariz... la boca. Acababa de colocar el segundo ojo, cuando una nube blanca invadió el cuarto. En el centro de la nube, un pequeño personaje vestido de rojo, con la mirada parecida a la de un muñeco del rompecabezas, se dirigió a él:

—¿Entonces, tú eres Julián, el niño de quien me habló Carolina?

—¿Quién es usted? ¿De qué me habla?

—Me presentaré: me llamo Sol, el Señor Sol para servirte, dijo haciendo una reverencia. Soy uno de los duendes de Santa Claus.

—¡Eso es imposible! ¡Usted no puede existir!

—¿Y por qué no jovencito? ¿No sabes que la Navidad es un momento mágico?

—¡Oh, yo no tengo mucho tiempo para pensar en eso!

—Pues bien, aprovecha la ocasión. Estoy aquí para cumplir tu más caro deseo.

—¡Me sorprendería mucho que lo cumpliera!

—Entonces, ten confianza en mí y dímelo.

—Bueno... usted me lo pidió. Lo que yo quisiera es que mi padre encontrara trabajo. Eso lo haría muy feliz.

—¡Piensa que ya lo tiene! ¡Adiós!

¡Pschitt! ¡El duende se evaporó! Julián, soñador, no escuchó que Francisco entraba y se sobresaltó.

—¡Hijo! ¡Tengo una gran noticia! ¡El padre de Carolina me ofreció trabajo en su fábrica! ¿Es formidable, no?

—Sí, sí..., murmuró Julián, muy sorprendido.

Francisco regresó al salón con sus amigos. Julián continuó con el rompecabezas, buscando otra sonrisa, un segundo par de ojos que tendrían una bonita boca. ¡Ya está! De pronto, una nube roja invadió el cuarto y una figura redonda exclamó:

—¡Hola Julián!

—¿Cómo sabes mi nombre?, preguntó el niño a la jovencita que apareció ante él vestida con un traje de terciopelo.

Sus cabellos rubios, cortos y rizados, daban a su rostro un aspecto muy tierno.

—Fue Sol quien me habló de ti. Le pareciste muy simpático.

—¡Ah, claro, él es fantástico! ¿Y tú, cómo te llamas?

—Yo soy Ida. Una jovencita duende que trabaja con Santa Claus. ¿Ahora qué deseas?

—No sé. ¡Ah sí! Me gustaría tener una casa, no muy grande, con un jardín.

42

—¡No hay problema! ¡Encantada de conocerte! ¡Adiós!

Se evaporó igual que el señor Sol. Julián se acercó a su padre en el momento en que uno de los invitados le proponía:

—Tengo una vieja casa. Ustedes pueden habitar en ella gratuitamente. Desde hace mucho tiempo nadie la utiliza.

El padre de Julián, con lágrimas en los ojos, le dijo a su hijo en el corredor:

—¿Escuchaste? ¡Tendremos un lugar donde vivir!

—¡Genial, papá! Ya ves, yo sabía que algún día tendríamos suerte, respondió el niño saltando a los brazos de su padre.

Julián subió de cuatro en cuatro los escalones hasta la habitación donde Carolina sonreía en sueños. Él volvió a su juego con una pequeña idea en la cabeza. Buscó un ojo, verde esta vez, luego el otro.

"¿Y la boca? No, ésa no. ¿Ésta, quizá? Sí, ésta me gusta más".

Encontró la nariz y la colocó delicadamente por encima de la sonrisa. En medio de una nube, verde por supuesto, un rostro redondo, enmarcado por largos cabellos negros y brillantes, le sonrió:

—¿Entonces, Julián? ¿No estás sorprendido al verme?

—¡Oh, como sabe, usted es el tercer duende de la noche! Ya no me sorprende tanto y me parece muy hermosa. ¿Cómo se llama?

—Marité, pero todo el mundo me llama Rité. Sé que conociste a Sol y a Ida, y a mí me toca concederte tu último deseo.

—De acuerdo, podemos tratar, pero la prevengo: ¡no es un deseo sencillo!

—¡Bueno, ya estoy lista!

—Me... gustaría, sería maravilloso si encontrara a mi mamá. Mis padres se separaron hace tres años. No volví a verla. Me hace mucha falta.

—Veré qué puedo hacer. ¡Adiós!

¿Cómo podría lograrlo Rité?

De tanto reflexionar, Julián se durmió en la cama gemela, a un lado de Carolina. Cuando despertó, los invitados se habían ido.

Su padre y los padres de Carolina habían terminado de limpiar la casa. Conversaban tomando café.

—Entonces, estamos de acuerdo, Francisco. Empiezas el lunes, confirmó el padre de Carolina. ¿Qué vas a hacer hoy? Seguramente tienes muchas cosas que organizar antes de volver al trabajo.

—Sí. Les dejo a Julián. Regresaré por la noche. Gracias por todo.

La Navidad pasó tranquilamente. Julián vigilaba a través de los cristales de las ventanas, ¿qué podía retener a su padre tanto tiempo? En ese momento el timbre de la puerta le provocó un sobresalto. Corrió a abrir y... ¡su mamá! Estaba allí, delante de él, sonriente y tan bella como antes.

—¡Mamá, regresaste! ¿Por qué te habías ido?

—Cuando tu papá perdió su trabajo, nuestra vida se volvió muy difícil. Teníamos muchos problemas. Así que decidí irme, pero todos los días pensaba en ustedes, dijo ella tomándolo entre sus brazos.

—¿Y ahora?, preguntó el niño pensando en Rité.

—Ahora, le supliqué que regresara a vivir con nosotros, exclamó Francisco riendo. Carolina y sus padres aplaudieron. Se dieron muchos abrazos y lloraron de alegría.

Han pasado muchos años desde aquella Navidad. Carolina y Julián siguieron siendo los mejores amigos del mundo. Julián acaba de cumplir treinta años. Ya es papá. Pero ha conservado una curiosa costumbre: de vez en cuando se encierra solo en su cuarto, saca un pequeño y viejo paquete de papel rojo y dorado y... vuelve a armar su maravilloso rompecabezas recordando la más hermosa Navidad de su vida.

44

Mystic, el pingüino

Marc Van Laere

Había una vez una niña, una niña muy pequeña, que corría por una playa... grande, tan grande que se extendía hasta perderse de vista a lo largo del océano. La playa estaba bordeada por árboles, arbustos floridos y enormes rocas.

La niña que corría por la playa se llamaba Eleonora, y estaba muy sola y triste porque no podía encontrar a sus padres. Ellos estaban sentados a la orilla del mar..., pero Eleonora se alejó con imprudencia y ahora ya no los veía.

¡Por fin...! allá a lo lejos, sobre una roca que se adentraba en el mar, distinguió una vaga silueta...

Apresuró el paso... Mas no, no eran ni su papá ni su mamá... no era siquiera una persona... parecía un ave.

¡Qué ave tan extraña! ¡No tenía alas!... Sólo poseía dos pequeñas extremidades ridículas y se mantenía de pie sobre sus dos patas. Por eso, desde lejos, la niña la había confundido con un ser humano.

El animal era tan grande como Eleonora, de color negro, con el vientre entre gris y blanco, y un gran pico anaranjado... Tenía un aspecto muy gracioso.

45

La niña se acercó y le dijo:

—¡Hola! ¿Quién eres? No te conozco.

El extraño animal le respondió amablemente:

—Soy un pingüino y me llamo Mystic.

—Nunca te había visto por aquí en la playa, respondió Eleonora.

—Porque acabo de llegar, contestó el pingüino balanceándose de manera muy cómica sobre sus dos patas... Vengo de muy lejos, de un país perdido en la bruma, donde siempre hace mucho frío y no hay árboles ni flores... Sólo hay témpanos, osos blancos, focas y pingüinos, por supuesto... y también algunos esquimales y el brujo Akawak.

—¿Cómo llegaste hasta aquí?, interrogó la niña.

Entonces, el pingüino le contó su historia:

—Hace algunos días me alejé un poco de mis compañeros. Allá somos muchos, ya sabes... Cuando, de repente, el gran témpano sobre el que yo estaba instalado se desprendió de la capa de hielo y me llevó lejos de la costa. Pronto desapareció en la espesa niebla... Estuve a la deriva durante varios días y noches. Cada vez hacía menos frío. Mi témpano empezó a fundirse y a disminuir peligrosamente... Y la última noche, cuando ya casi no quedaba lugar para mantenerme en pie, pude llegar a esta playa.

La niña, que había escuchado al pingüino sin interrumpirlo, le dijo:

—Escucha, veo a mis padres por allá, debo ir a encontrarme con ellos. Pero si quieres ser mi amigo, vendré a verte aquí mañana.

—Me gustaría mucho, hasta mañana, respondió el pingüino.

Cuando Eleonora se reunió con sus padres, estos le preguntaron:

—¿Con quién hablabas cerca de aquella roca?

—Con un pingüino, respondió la niña. Se llama Mystic y es mi amigo.

Sus padres, que no la creyeron, empezaron a reírse.

—¡Un pingüino... nada menos!

A la mañana siguiente, a la misma hora, Eleonora fue a encontrarse con el pingüino... Se contaron su vida, hablaron de sus amigos, de lo que hacían, de lo que les gustaba... Eso duró varias semanas y se hicieron muy buenos amigos. Hasta que un día, el pingüino dijo a Eleonora:

—¿Te has dado cuenta de cómo se acortan los días? Cada vez hace menos calor... Pronto llegará el invierno. Entonces el mar se congelará y podré volver a casa, allá arriba, al país del hielo.

—¡No quiero que te vayas!, exclamó llorando la niña. Quiero que te quedes siempre conmigo. Eres mi amigo y deseo llevarte a mi casa.

—Sabes bien que eso no es posible, respondió Mystic. Los pingüinos no viven en las casas de las niñas. No estés triste... Se me acaba de ocurrir una idea... En mi país, allá muy lejos, donde viven los esquimales, se encuentra el brujo Akawak. Estoy seguro de que él podrá ayudarnos... Vamos, deja de llorar... Regresa mañana y ahora es mejor que vuelvas a tu casa.

—Adiós, amigo mío, murmuró la pequeña con un nudo en la garganta...

—No, adiós no, hasta la vista.

Imagínense la sorpresa de Eleonora cuando, al regresar por la mañana al lugar donde se encontraba con su amigo Mystic, descubrió un gran pingüino de peluche, ¡tan bonito y tan verdadero como el de carne y hueso!
¡El brujo Akawak había escuchado a nuestro pingüino y lo había transformado en un muñeco de peluche para que pudiera estar siempre con la pequeña niña, que tanto lo quería!

Desde entonces, Eleonora y Mystic, el pingüino de peluche, no se separan nunca. Él duerme en su cuarto y, con frecuencia, ella lo toma entre sus brazos. Se cuentan mil cosas y duermen juntos en la pequeña cama suave y blanca.

El reloj de arena del Señor Tiempo

Héloïse

Hace muchos años, en el País de Antaño, vivía un anciano que se llamaba Señor Tiempo. Día y noche daba vueltas a su reloj de arena, y así todos podían ver cómo pasaba el tiempo.

Trabajaba incansablemente, cuidando del reloj y verificando que la arena corriera normalmente. El Señor Tiempo estaba allí para dar vuelta al reloj de arena y anunciar a todo el reino que había pasado una hora, luego dos, luego tres...

Pero resulta que un buen día, el Señor Tiempo, que estaba ya muy viejo, fue vencido por la fatiga y se durmió profundamente junto a su reloj de arena. De modo que la arena corrió, corrió, luego se detuvo y, de pronto, el tiempo dejó de existir.

Se hizo todo lo posible por interrumpir el sueño del Señor Tiempo, pero él estaba tan cansado que no despertó. Ello originó un gran desorden. Ludovic, el panadero, echó a perder su pan: todo el que metía en el horno se quemaba.

Mateo, Lucas y Florián estaban desolados por llegar tarde a la escuela. Cristóbal, el maestro, se encontraba completamente desorientado ante una clase tan desorganizada. Él mismo ya no sabía si había pasado una hora, dos o tres...

En cuanto a las mamás, Sofía, Clara y Carolina, no sabían cuándo debían ir a la escuela a por los niños ni cuándo preparar la comida.

Se rumoreaba por todas partes:

—¡El tiempo se detuvo! ¡El tiempo se detuvo! ¡Qué desastre! ¡El Señor Tiempo se quedó dormido!

El rey Gentil también se sintió incómodo por la ausencia del tiempo, así que convocó a todos los grandes del reino a su castillo, y les dijo:

—¡Mis leales amigos, como ustedes saben, nuestro precioso tiempo se detuvo! ¡El Señor Tiempo duerme! Ya está demasiado viejo y hay que reemplazarlo. Espero que venga una persona de confianza, trabajadora y valiente, para que tome el lugar de nuestro viejo amigo. ¡Ofrezco la mano de mi hija, la princesa Isabel, a quien sea capaz de hacer ese gran trabajo!

Guillermo, el pregonero del rey, viajó por todo el reino proclamando su mensaje:

—¡Escuchen, escuchen, amables súbditos! ¡Nuestro buen rey Gentil espera encontrar al nuevo Señor Tiempo!

Y terminaba su pregón tocando el tambor: ¡ran-ran-ra-taplán!

Ese día, Javier, el cerrajero, que trabajaba en la fabricación de una enorme llave para una de las puertas del castillo, escuchó el mensaje. Lo pensó muy bien y después decidió presentarse ante el rey Gentil.

Los sirvientes lo llevaron inmediatamente ante la presencia del rey. Cuando estuvo ante él, Javier dijo:

—Majestad, yo podría poner al tiempo en su lugar, pero a mi manera.

—¡Ah!, dijo el rey. ¿Qué quieres decir con eso de a "tu manera"?

—¡No le diré más por el momento, majestad, pero si me concede siete lunas, podré explicárselo!

—¡Siete lunas!, exclamó el rey. ¡Pero eso es demasiado! ¡No podemos estar sin tiempo durante tanto tiempo!

—¡No hay alternativa, majestad, porque pienso que usted estará muy contento con mi solución!

—Si estás seguro de que tu proyecto es bueno, estoy dispuesto a esperar, ¡pero no vayas a equivocarte!

—¡Sólo voy a pedirle un favor, majestad: en la noche de la séptima luna, envíeme una carroza!

Pasó una luna, luego dos, luego tres. Y en el fondo de su pequeño taller, Javier, el cerrajero, trabajaba con ahínco. Cortaba y aserraba, día y noche y nadie se atrevía a molestarlo. Sin embargo, como siempre ocurre en esos casos, empezaron las murmuraciones:

—¡Javier, el cerrajero, es un presumido! ¡Prometió encontrar una solución pero, hasta ahora, el Señor Tiempo sigue durmiendo! ¡Javier, el cerrajero, no se atreve a encontrar nuestro tiempo; nuestro tiempo está perdido!

Indiferente al chismorreo, Javier seguía cortando, aserrando y tallando día y noche...

Por fin, llegó la séptima luna. Una carroza real se detuvo frente a la puerta del taller de Javier, el cerrajero, ante los sorprendidos ojos de los vecinos. Javier salió de su taller llevando un extraño paquete y se introdujo en la carroza real.

El rey Gentil esperaba con impaciencia, había convocado a toda la corte. Javier fue anunciado y se presentó ante el rey con su extraño paquete.

—¡Pues bien, muchacho, estoy impaciente por ver lo que ocultas en ese paquete! ¡Hace un ruido muy extraño!

Ante los ojos del asombrado rey, Javier, el cerrajero, descubrió una extraña máquina.

—¡Oooh!, exclamaron todos los ministros de la corte.

—¡Qué extraña máquina, muchacho! ¿Por qué hace ese ruido? ¿Y qué son esos palitos tan raros que dan vueltas delante de los números? ¡Espero que no estés burlándote de mí!

En ese momento la máquina empezó a sonar: Una campanada, luego dos, luego tres y así, hasta siete. ¡Ding, dong, ding, dong!

—¡Oooh!, repitieron los ministros retrocediendo asustados.

53

Javier, el cerrajero, muy tranquilo, se acercó al rey sonriendo y dijo:
—¡No hay nada que temer, majestad, no es brujería! ¡Gracias a esta máquina, el tiempo se ha restablecido! ¡Le presento mi invento! ¡La máquina de dividir el tiempo! Acaba de dar las siete, muy pronto dará las siete y media, luego las ocho y así sucesivamente, irá marcando las horas hasta la medianoche.

El rey Gentil, después de pasar la noche sin dormir escuchando el tic-tac y las campanadas que daba cada hora la máquina que dividía el tiempo, quedó convencido y muy contento del invento de Javier. A la mañana siguiente, convocó a toda la corte y proclamó:
—Mis queridos súbditos, estoy feliz de poder anunciarles que el tiempo ha regresado y que a partir de ahora, la máquina para dividir el tiempo se llamará ¡reloj!
Javier, el cerrajero, fue homenajeado. Lo cubrieron de regalos y el rey Gentil mantuvo su promesa concediéndole la mano de su hija, la princesa Isabel, y lo nombró Príncipe del Tiempo.

El pequeño dragón rosa

Véronique Tardivel

—¡Ay! ¡Ay! ¡Me lastimas!, gritaba un pequeño panda.

—¡Quítate, estás en mi lugar!, dijo el dragón rosa enojado, porque, para llamar la atención de una niña, golpeaba con todas sus fuerzas el vidrio que los separaba.

Recargada contra el vidrio, la hermosa niña de bucles rubios y nariz enrojecida por el color del algodón de azúcar que comía, no se volvía a mirarlo.

"El destino es siempre cruel con quien no posee el amor y la ternura de un hogar", pensó amargamente el pequeño dragón rosa.

Como eran huérfanos, nuestros dos pequeños animales de peluche permanecían expuestos en la vitrina de una feria. Desde hacía mucho tiempo, esperaban que algún niño o niña quisiera adoptarlos. Con la mirada triste y los ojos llenos de lágrimas, contemplaban con melancolía el bullicio de los niños que corrían y se empujaban a la entrada de los caballitos.

—¡Qué felices son!, decía el panda.

—¡Oh, cómo me gustaría tener una verdadera familia para mí solo!, exclamaba el pequeño dragón rosa.

Al llegar la noche, toda esperanza de una vida feliz se desvanecía, desaparecía en el cielo estrellado, acompañando los pesados pasos de los últimos curiosos.

Como todas las noches, el silencio cedió su lugar a los sollozos y al llanto del pequeño dragón, al que, una vez más, nadie había querido.

El pequeño panda se acercó a su amigo para consolarlo:

—Amigo mío, no llores. Me siento triste al verte tan infeliz. Tengo una idea. Mañana te subirás en mis hombros y te levantarás hasta alcanzar la pinza de hierro.

En efecto, a la mañana siguiente, el pequeño panda sostuvo su palabra; pero en cuanto el dragón rosa se subió sobre su espalda, la gruesa pinza se abatió sobre él y lo apretó con tanta fuerza que perdió el conocimiento.

—¡Despiértate, pequeño dragón!, le dijo tiernamente un niño. Soy tu nuevo papá. Me llamo Enrique.

Al despertar con el aliento perfumado de la infancia que acababa de acariciarle las orejas, el cuello y la frente, el pequeño dragón rosa se arrojó en los cálidos brazos de su amable papá.

¡Qué bueno era! La pesadilla había terminado al fin. Enrique lo llevó a su casa y, al entrar en la habitación, escuchó de pronto una voz que le era familiar.

—¡Oye amigo, voltea para acá, aquí estoy, detrás de ti!

Sorprendido, el pequeño dragón rosa se dio la vuelta y vio al pequeño panda sentado sobre la cama. Feliz al encontrar de nuevo a su amigo le dijo:

—¿Qué haces aquí?

—Cuando te desmayaste, me sentí tan triste al pensar que nunca te volvería a ver, que lloré mucho. Después Enrique vino a verme y se compadeció de mí.

—Tenemos el mismo papá. ¡Así que somos hermanos!, exclamaron a coro los dos animales de peluche.

Se abrazaron contentos y jugaron durante todo el día, porque sabían que nunca iban a separarse.

—Amigo, amigo, ¿qué ves?

—Yo veo lo mismo que tú: ¡nuestra amistad!

La rebelión de los libros

Anne-Christine Dussart

Antonio empuja la puerta y entra en su casa como una ráfaga de viento.
Arroja su mochila sobre la alfombra, su chaqueta sobre un sillón, su gorra al
piso... y ¡hup! conecta de inmediato la televisión.
¡Uf! Un poco de ruido me hará bien...
Ahora, duda: es miércoles por la tarde, tiene mucho tiempo.
Primero debe comer el bocadillo que mamá dejó en el refrigerador.
Con el bocadillo en una mano se dirige al cuarto de televisión. Toma el control
remoto con la otra mano, pulsa el interruptor de la televisión y empieza a buscar
los diferentes programas.
Esta tarde no hay nada bueno en la televisión, piensa.

Bueno, entonces ¡vamos a la
computadora!
Antonio entra en su cuarto, patea
los juguetes que encuentra tirados
por la alfombra y se acomoda ante
el teclado de la computadora.
"¿Qué juego escogeré? ¡Ah, ése,
voy a poner el disquete!"
Pronto se escucha un tranquilizador
¡ti-titt!, seguido de un agradable
estribillo musical bien conocido por
nuestro amigo.

Antonio no está solo. Detrás de él, unos treinta libros duermen tranquilamente en el librero. Los hay de todas clases: grandes, pequeños, gruesos, delgados, libros atractivos y de colores, y también otros muy serios, todos recibidos como regalo en las fiestas de cumpleaños a través de los años.

Cuando se los dieron, Antonio los palpó, los revisó al derecho y al revés, y los hojeó rápidamente contemplando las ilustraciones.

Luego, mamá les encontró un lugar en el cuarto de Antonio: la pequeña estantería de madera que huele a barniz.

Ahora duermen resignados a no ser hojeados nunca, entumecidos por no ser abiertos y desesperados por no haber sido leídos.

El primero en reaccionar es el libro de *Robinson Crusoe*.

—¡Oigan, despierten!, grita golpeándolos con el lomo. ¡Muévanse un poco! Parece que estamos en mi isla desierta. ¿No ven que nuestro amigo Antonio nos abandonó? No piensa más que en esas "fieras con botones" con las que pasa horas como si estuviera embobado. ¡Es necesario que eso termine! ¡Reaccionen! Hagan todo el escándalo que puedan.

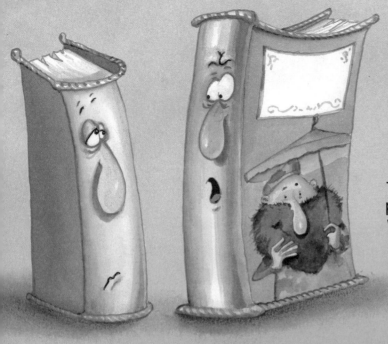

—¡Hey!, gritó el libro de *Cuentos de hadas*. ¿Qué pasa aquí? ¿Este cuarto no es del castillo de la *Bella durmiente*? ¡Pensé que había dormido cien años!

—¡Dormir, dormir! No fuimos hechos para eso, dice enojado el libro de *Veinte mil leguas de viaje submarino*. Fuimos creados para contar historias apasionantes, para instruir a los niños, para distraerlos. ¡Allí están nuestras enemigas! Ellas son "las fieras con botones". Miren a la primera: se siente como reina en ese mueble negro.

Antonio sólo tiene ojos para ella. Sobre su pantalla aparecen pequeños personajes amenazantes que terminan por caer como si fueran moscas. ¡Bah! ¡Antonio los encuentra más divertidos que nosotros!

—Tienes razón, suspiró *Cuentos de hadas*. La segunda "fiera con botones" está frente a nosotros. Me pregunto qué le ve Antonio, no sabe más que decir ¡ti-titt!, ¡taratatatí! todo el día, ¡es desesperante!

En ese instante, el libro de *Robinson Crusoe* tuvo una idea genial:

—No hay más que una solución. Debemos declararles la guerra, propuso. Es necesario encontrar un medio para neutralizarlas. De esta manera, Antonio se aburrirá y se acordará de que existimos.

—Es verdad, gritó el *Gran Diccionario Ilustrado*. Es una excelente idea.

—Sí, ¿pero qué podemos hacer?
Todos se rascaron las páginas perplejos.
Por fin una voz se elevó tímidamente.
—Sólo soy *La Sirenita*, pero tengo junto a
mí a un compañero que quizá podrá
responderles. Lo vi abierto un día cuando
se cayó del librero. Tiene en sus páginas
algunas fotos de "fieras con botones".

El libro de *Misterios de la electricidad* salió de su letargo.
—No me "caí del librero", dijo con aire ofendido.
Antonio me tomó y me hojeó el día en que un rayo fundió los fusibles. Todas las
"fieras con botones", como ustedes las llaman, se negaron a funcionar.
—¡Eso es!, gritaron los libros a coro.

Antonio ni se enteró de todo ese complot, porque el
lenguaje de los libros es un lenguaje silencioso.
Sólo percibió detrás de él un ligero estremecimiento
de páginas, un estremecimiento que fue apagado
por la cancioncilla electrónica de la computadora.
Mientras continuaba con su juego, los libros se
pusieron de acuerdo y discutieron el medio para
combatir a sus rivales.
Misterios de la electricidad se acercó a *Alpinista
principiante*.
—En un muro debe haber una gran caja donde
llega el circuito eléctrico de la casa. Si logramos
llegar hasta allí, podremos cortar la corriente y
nuestros enemigos desaparecerán.
Los dos compadres bajaron del librero y escalaron
el muro. Frente a ellos la televisión, indiferente,
seguía mostrando a sus personajes.
Levantaron la cabeza: ¡qué alta estaba esa caja!

—Esperen, gritó el *Gran Diccionario Ilustrado*.

Y les prestó su lomo para que pudieran subir.

—Vamos, dijo el *Alpinista principiante*.

Y empezó a subir por una cuerda, muy despacio, lentamente, hasta la caja. Los otros retenían el aliento.

—¿Ahora qué debemos hacer?, preguntó a *Misterios de la electricidad*.
¡Apresúrate, mis páginas se están resbalando!

—Abre la caja y verás debajo un botón rojo, apóyate en él.

—¡Hurra!, lo logré, gritó el *Alpinista principiante*.

—¡Hurra!, aplaudieron los otros libros, ¡ganamos!

En ese momento, la primera "fiera con botones" se volvió gris y silenciosa.

En el cuarto de Antonio la pantalla de la computadora se apagó bruscamente y la melodía monótona enmudeció de un solo golpe.

¡Qué calma tan inquietante!

Antonio teclea algunos botones al azar.

¡Pero no hay nada que hacer!

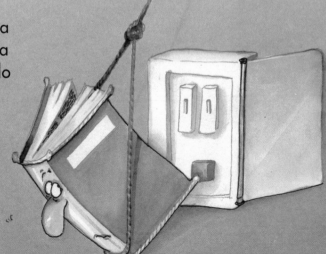

Entonces, acciona el interruptor de la lámpara de su escritorio.

—¡Vaya! ¡No hay luz! ¡Qué problema! ¡Mamá llegará a las seis y papá regresará de su trabajo más tarde!

Antonio se levanta y empieza a dar vueltas. ¿Qué puede hacer?

Los otros juegos se los sabe de memoria, desde hace mucho tiempo ya no le interesan. ¿Qué hacer, qué hacer?

—¡Míranos, míranos!, murmuran los libros.

—¡Ábrenos, ábrenos!, susurran sus páginas...

La mirada de Antonio vaga por el cuarto... y se detiene sobre ellos.

—¡Ah, aquí están mis libros!, dice sorprendido. ¡Había olvidado que existían! Veamos... *Robin Hood*; el abuelo me lo regaló el día de Navidad. Y *El libro de la Selva*; mamá me lo regaló el día de Reyes. Y el libro de *Cuentos de hadas, Tom Sawyer, Aladino y la lámpara maravillosa, Mis cuentos encantados, 365 Historias, El libro de Navidad...* ¡Vaya, vaya! No me acordaba que tenía tantos libros. Vamos a abrirlos para ver.

Los libros no se hacen del rogar.

Con su hermosa y dulce voz, *Cuentos de hadas* le recuerda todas las bellas historias que Antonio escuchaba cuando era más pequeño.

El libro de la Selva lo lleva tras las huellas de Mowgli, en el corazón de la selva ecuatorial, donde se encuentra el oso Baloo, la pantera Bagheera y el tigre Shere Khan.

Robinson Crusoe y su amigo Viernes comparten con él las apasionantes aventuras que vivieron en una isla desierta.

Todos los libros se apresuran a contar su historia a Antonio.

La tarde pasa como un sueño.

Antonio está tan absorto en la lectura que no ve a los tres culpables que regresan al librero apoyados sobre la punta de sus páginas para no hacer ruido...

Una amistad mágica

Nathalie Longueville

En un país muy lejano, cerca del polo norte, sobre una inmensa extensión de hielo, vivían dos animales bebés hermosos y blancos. Uno, llamado Crac, era una foca blanca muy juguetona y traviesa. El otro, que se llamaba Osi, era un bebé oso, blanco también, tímido y un poco atolondrado.

Osi le tenía miedo a todo, a pesar de su gran tamaño. Sabía que se haría mucho más grande y grueso, como su mamá y su papá, sin embargo era tan temeroso que pasaba la mayor parte del tiempo al lado de su mamá. Un día en que mamá osa lo dejó solo para ir a pescar, fue presa de un gran temor. Miró por todas partes para asegurarse de que no hubiera ningún intruso.

—¡Ay, qué horror!, gritó. ¡Me siguen! ¡Un enorme monstruo me persigue!

Corrió a toda la velocidad que le permitían sus patas, pero no lograba librarse de él. Cuando daba la vuelta, la cosa extraña lo esperaba del otro lado.

—¡Mama! ¡Mamá!, gritó de nuevo, mas nadie le respondió.

Cansado por la fatiga y el miedo, se derrumbó. De pronto, descubrió a lo lejos a una pequeña foca blanca que hacía acrobacias sobre un témpano. El pequeño animal reía, reía y volvía a reír.

Osi, atraído por este animalito tan simpático, se levantó sobre sus cuatro patas y caminó hacia él.

—¿Cómo te llamas y por qué te ríes tanto?, le preguntó, un poco molesto.

—Soy Crac, ¿y tú quién eres? ¡Pareces muy gracioso!, le respondió la pequeña foca.

—¡Mi nombre no es gracioso. Me llamo Osi y no hice nada!, exclamó el osito.

—A tu edad deberías saber que eso que te persigue por todas partes es tu sombra, dijo Crac.

—¿Sombra? ¿Es peligrosa esa sombra?

66

Crac empezó otra vez a reír y cuanto más se reía, más se enojaba Osi. "No es nada amable, pensó. Se burla de mí todo el tiempo". Osi se alejó un poco triste. Crac saltó del témpano y le dio alcance. Se hicieron amigos y Crac le mostró lo que era una sombra. Le explicó que todos tenemos una, gracias al sol.

Entonces, rieron juntos.
Se volvieron amigos inseparables, rara vez se veía a uno sin el otro. Se divertían jugando sobre la banquisa blanca y helada. Inventaban grandes historias y crearon entre ellos un mundo secreto para los dos.

Un día, Crac jugaba como siempre, mientras Osi tenía la cabeza en otro lado y parecía triste.

Permanecía acostado mirando al cielo, como si quisiera ser otro animal.

Crac se sentó junto a él y le murmuró al oído:

—Vamos, Osi, tienes un aspecto muy triste hoy. ¿Qué te pasa?

—Nada, respondió el osito. Sólo estoy un poco cansado. No dormí muy bien anoche, tuve muchas pesadillas.

Crac no le creyó y, para no molestarlo, decidió dejarlo solo.

—No te vayas tan pronto, murmuró Osi volviendo la cabeza del lado contrario a Crac.

Sabía que no era muy educado, pero no se atrevía a mirar a su amiga a los ojos para decirle lo que lo atormentaba.

—Es horrible lo que nos pasa. Voy a volverme un oso muy grande como mi mamá y mi papá, y seré muy fuerte. Y tú seguirás siendo una foca mucho más pequeña que yo.

El osito estaba tan triste que las lágrimas brotaban de sus ojos. De repente dijo:

—Mamá me ha contado que los grandes osos se comen a las pequeñas focas como tú. ¿Comprendes? ¡Ya no podemos ser amigos!

La pequeña foca trató de tranquilizarlo:

—Tú me reconocerás. ¡No me comerás, lo sé!

—A ti no te comeré, pero me puedo comer a uno de tus primos. ¡Sería horrible!

En ese momento, se abrazaron y trataron de encontrar una solución a su problema.

Crac regresó lentamente hacia el hueco por el cual salía del agua todos los días, y respondió:

—Estoy seguro de que hay otra solución. ¡La encontraré! Regresa en dos días y te diré lo que podemos hacer. Tengo confianza en que podremos seguir siendo amigos.

Osi se acercó a Crac y frotó su pequeña nariz contra la de la pequeña foca.

—Siempre seremos buenos amigos, repitió.

Crac desapareció en la banquisa, dejando solo a Osi con sus preocupaciones.

Osi durmió muy mal esas dos noches. No dejaba de tener pesadillas. Se veía devorando a unas pequeñas focas, luego despertaba bruscamente y daba vueltas tratando de volver a dormirse.

Abrió de pronto los ojos: ¡Por fin había llegado el día de la cita! Era importante no faltar porque seguramente Crac ya había encontrado una solución a sus problemas. ¡Osi deseaba tanto que su amigo tuviera una buena idea! Su corazón empezó a latir a toda velocidad mientras avanzaba hacia el lugar del encuentro. Al llegar al sitio convenido, no vio a su compañero de juegos y empezó a llamarlo:

—¡Crac, Crac!, ¿dónde estás? ¡Dime dónde te escondes, sé que se trata de otra de tus bromas!

Nadie le respondió. Estaba allí solo, perdido en la blanca inmensidad de la banquisa. Se acercó al hoyo por el que debería salir Crac y metió el hocico. "¡Brrr! El agua está helada", dijo. Sacudió vigorosamente la cabeza para quitarse las gotas frías que corrían por su piel y le provocaban escalofríos.

Intrigado por un pequeño ruido que parecía venir del agua, Osi decidió volver a sumergir su cabeza. Entonces vio, a lo lejos, a Crac que llevaba algo extraño en una de sus aletas. Era un cofre luminoso. Del cofre salían algunos rayos de luz a través de unos minúsculos huecos. ¿Estaría el sol encerrado allí?

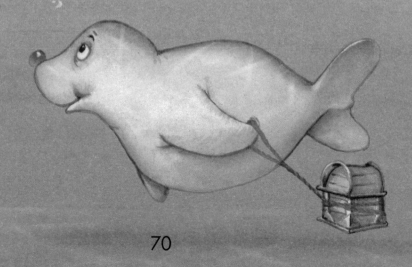

Osi sacó su cabeza del hoyo. Reflexionó un instante y de nuevo sumergió la cabeza en el agua. Ahora le parecía menos fría. Quería llamar a Crac, mas cuando abrió la boca para hablar, sólo salieron algunas burbujas. No lograba decir ni una sola palabra.

Como empezaba a faltarle el aire, sacó la cabeza y se sacudió de nuevo. Se sentó cerca del hoyo y esperó con impaciencia al pequeño Crac y su paquete misterioso. Tenía la mirada fija en el agua. Si ésta empezaba a moverse, querría decir que Crac no estaba ya muy lejos.

De pronto percibió algunas pequeñas olas y, entre ellas, la cabeza de Crac. Estaba agotado por el viaje, pero parecía muy contento.

—Necesito tu ayuda para sacar mi cofre del agua. Está demasiado pesado, no puedo sacarlo yo solo.

—No hay problema, dime qué debo hacer.

—Basta con que tires un poco de la cuerda para sacarlo.

Osi tomó la cuerda entre sus dientes y tiró de ella poco a poco. Había que hacerlo lentamente para no romper el cofre misterioso. Hubiera podido hacerlo más rápido porque no era tan pesado para él, pero siguió los valiosos consejos de su amigo.

El famoso cofre por fin salió del agua. Los pequeños rayos de luz que irradiaba, deslumbraron a Osi. Cerró los ojos y luego trató de abrirlo. Era tan luminoso que no podía mirarlo por más de un segundo. Le ocurría lo mismo cuando se divertía mirando el sol. ¡En ese momento tenía la sensación de que pequeñas formas negras danzaban frente a sus ojos!

—¿Realmente deseas que seamos amigos siempre?, le preguntó Crac.

—Es lo que más deseo en el mundo, respondió el osito.

—¡Entonces, vamos a desear juntos, no separarnos nunca! ¡Luego abriremos la caja y veremos qué pasa!

Los dos sentían el corazón oprimido al pronunciar su deseo.

Súbitamente, se levantó la tapa y un gran rayo de sol se los llevó. Volvieron a encontrarse algunos metros más lejos. El cofre luminoso había desaparecido. Asombrados se miraron. ¡Su deseo se había cumplido! ¡La luz los había transformado en zorros de las nieves!

Desde ese día, nadie volvió a ver a Osi ni a Crac sobre la banquisa. ¡Sólo a dos pequeños zorros que se divertían jugando! De todos los animales polares, sólo sus padres reconocieron a los dos zorritos y compartieron su formidable secreto.

Burbuja prefiere la espuma

Françoise Le Gloahec

Burbuja se desliza, se sumerge, luego se esconde entre los corales. Es un pequeño pez travieso. Por eso no comprende porqué cuando juega con el sol al escondite y el estanque está más animado, mamá Perca siempre lo llama:

—¡Burbuja, ya debes entrar, es hora de ir a dormir!

—¡Todavía no!, refunfuña el pequeño pez. Cuando hace frío, debo quedarme en las aguas tibias del fondo del estanque, descansando y sin comer. ¡Ahora es primavera y no tengo sueño!

Burbuja prefiere jugar con Glup. La pequeña rana puede hacer todo lo que le gusta: sabe saltar fuera del agua y conoce las orillas del estanque.

Glup se posa sobre los nenúfares para atrapar a las libélulas. Sin embargo, la ranita es incorregible: es la última en acostarse y la primera en despertar.

73

Como esa mañana, cuando fue en busca de Burbuja:

—¡Oye, Burbuja, despierta, perezoso!, le gritó la rana.

—¡Buenos días, Glup! ¡Ah, dormí muy bien!, respondió el pequeño pez que salió de su casa sin lavarse.

—Si quieres, puedo enseñarte cómo saltar a la orilla.

—¡No lo lograré, soy un pez! ¡Sólo puedo respirar dentro del agua!

—Antes era muy testaruda, me parecía un poco a ti. Ahora, soy diferente, respondió golpeando orgullosamente con el pie la hoja de nenúfar. ¿Has visto mis piernas musculosas?

¡Hop! ¡hop! ¡hop!, Glup salta de nenúfar en nenúfar. Sus saltos despiertan a todos los habitantes del estanque.

—¿Quién se atreve a molestarme?, gruñe un viejo lucio.

—No parece estar muy contento, murmura Burbuja. ¿Has visto sus dientes?

—¡Sí, responde Glup, y yo soy uno de sus platillos favoritos! ¡Pronto, vámonos!

Y diciendo estas palabras la ranita sale brincando. Burbuja se esfuerza por seguirla…

—¡Mira, ya puedo saltar! Pronto podré ir más lejos por el brazo del río, y llegaré hasta el mar.

Ese es el sueño de Burbuja: ¡ver el océano! Quiere sentir la arena y observar a esos simpáticos peces que viven dentro de un caparazón. Se pregunta si las algas son tan suaves como la espuma del estanque…

—¡Eso es imposible!, exclama Glup. No podrás ir tan lejos. Además, ¿sabes que el agua del mar es salada? ¡Te picará por todas partes, la arena da mucha comezón!

—¡Yo quiero ver el mar y lo lograré!, responde Burbuja.

Al escuchar los gritos, una golondrina deja el río para detenerse sobre una rama cerca del estanque.

—Muchacho, yo que viajo mucho entre el mar y el río, ¡no te aconsejo esa aventura! El río es muy largo, hay muchas corrientes. Y allí se encuentra el feroz lucio…

—Sí, sí, ya lo conocemos, responden a coro los dos amigos.

La golondrina de mar se va volando, dejándolos pensativos.

A la mañana siguiente, Burbuja sale de su casa un poco inquieto.

¿Qué pensarán sus padres? ¡No importa! ¡Él se va en busca de aventuras! Sin hacer ruido, se dirige hacia la orilla opuesta del estanque. El agua comienza a agitarse. Burbuja ve el brazo del río. Uno, dos, tres, se arroja. ¡Brrr! ¡El agua está helada! El día ha sido agotador. "¿Adónde voy a dormir?", se pregunta.

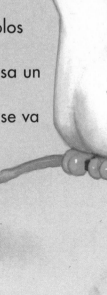

En ese momento, una forma oscura se desliza por
el río y avanza hacia él. Burbuja ve su largo pelo
brillante y la poderosa cola que lo impulsa.

—¡Vaya!, exclama el animal.

—Buenos… Buenos días, murmura el pequeño pez asustado.

—¿Estás perdido?, pregunta el castor entre sus dos gruesos dientes.

—N… No, salí de viaje, voy al mar.

—Entonces, te invito a mi casa para que descanses.

El castor guía a Burbuja hasta una especie de cueva de madera que surge del río.
Se sumerge en el agua; Burbuja lo sigue. Bajo el agua, una galería conduce a la
casa de este amigo imprevisto.

El recibimiento es agradable y Burbuja disfruta de algunos insectos que
cayeron de los árboles. Ya empieza a amanecer.

—Hasta pronto, le dice Burbuja a su amigo el castor.

La corriente se hace más fuerte y Burbuja
encuentra peces
desconocidos pero
apacibles.

De pronto, uno de ellos le dirige la
palabra:

—¡Buenos días, primo! ¡Yo soy Flip!
¿Has visto cómo nos parecemos?
Yo también soy una perca.

—Quizá, pero yo soy dorado
con negro y tú verde con azul.

Flip propone acompañarlo hasta el estuario.
Es el lugar donde el río desemboca en el mar.

Burbuja y Flip hacen algunas cabriolas para divertirse un poco. Por fin ven a lo lejos el movimiento fascinante del océano.

—Debemos separarnos aquí, dice Flip emocionado.

—¡Nunca te olvidaré, adiós Flip!

Flip da media vuelta. Burbuja está un poco triste. Prueba el agua de mar y se sorprende. Bajo sus aletas siente un constante movimiento. De pronto, una enorme ola lo levanta para arrojarlo lejos sobre la corriente. En un hoyo de agua tibia, entre las rocas cubiertas de ostras, Burbuja decide esperar el regreso del agua que está muy agitada.

Espera y sigue esperando. No sabe que el mar se retiró por varias horas.

Burbuja tiene paciencia, mucha paciencia y... se queda dormido. Un chapoteo y algunos cosquilleos lo despiertan.

El mar ha regresado. Se deja llevar por las olas. Burbuja ve cómo se aleja la playa donde durmió la siesta. Se cruza con una colonia de arenques. Esos peces pretenciosos, con el lomo verde azulado y el vientre plateado, no le dirigen la palabra.

Pero el agua salada empieza realmente a molestarle. Burbuja no puede respirar.

—¿No hay nadie que pueda ayudarme?, exclama.

No hay respuesta. Decide refugiarse en el hueco de una roca. La piedra empieza a moverse hacia atrás: es una ostra que se abre.

—¡Buenos días! ¿Eras tú quien estaba pidiendo ayuda?

—Sí, vengo del río. Quería ver el mar y conocer a sus habitantes. Ahora me gustaría regresar a mi casa, quiero volver a mi estanque.

—Te comprendo. Déjame pensar cómo puedo ayudarte, responde la gran ostra bostezando.

La ostra se aleja. Burbuja un poco más tranquilo se queda dormido. A la mañana siguiente, unos gemidos lo despiertan.

—¿Quién llora?, pregunta con valentía Burbuja...

Se acerca despacio. Ve pasar unas enormes redes. Burbuja sube a la superficie. Sobre los barcos de pesca, algunos hombres giran unas enormes ruedas chirriantes con las que suben unas trampas. Los gemidos de los atunes prisioneros conmueven profundamente a Burbuja. ¡Pronto! ¡Necesita hablar urgentemente con la ostra gigante! ¡Allí está! La llama dándole unos pequeños golpes en su caparazón:

—¡Toc, toc, toc! Soy yo, Burbuja, el pez de agua dulce.

Con un pequeño crujido, la ostra se abre. Sus ojos son los mismos, pero... sale de la ostra una niña. Empieza a crecer y a crecer hasta convertirse en una hermosa joven o, más bien, en un hermoso pez; en fin, ustedes entienden, era una sirenita.

—Tengo una idea para salvarte, dice la hermosa sirena. Debes tener paciencia y esperar a que llegue la marea alta.

Después de decir estas palabras empieza a cantar. Su dulce voz y su gentileza fascinan a Burbuja.

La sirenita y el pez se gustan mucho. Burbuja le pide que lo acompañe al estanque.

78

—No puedo vivir en el agua dulce. Además mis hermanas se pondrían muy tristes, no entenderían por qué las abandono.

Debo quedarme aquí.

Burbuja se decepciona un poco.

Mientras esperan a que llegue la marea, se divierten persiguiéndose entre las olas.

—Llegó el momento, dice la niña. Te aconsejo que te vayas, el mar tiene mucha fuerza ahora, te llevará hasta el estuario. Pero sobre todo, nunca vuelvas por aquí, este lugar no está hecho para ti.

—¡Adiós! Siempre estarás en mi corazón, responde Burbuja reteniendo las lágrimas.

El pececito se deja llevar por las olas, pero todavía no había llegado al estuario cuando sintió su vientre oprimido contra la arena:

—¡Auxilio! ¡Auxilio! ¡No puedo respirar! ¡Voy a morir! Es mi castigo por querer ver el océano. Ya nunca sentiré la espuma suave y dulce de mi estanque. No volveré a ver a mis padres ni a mis amigos, gime.

Se siente cada vez más débil. Pero… ¿lo están levantando? De inmediato vuelve a nadar en el agua.

"¡No es el mar, pero es agua salada, sin embargo el espacio es muy pequeño!"

Burbuja no sabe que una niña lo depositó en su cubo. No sabe que una joven mujer gritó agitando la mano:

—Niña, por favor, lleva ese pez al mar y lo salvarás.

La niña, fascinada por la sonrisa de la joven y por el dulce canto que se elevaba sobre las olas, obedeció en seguida. Corrió para arrojar a su protegido al lugar donde le había pedido la hermosa joven que era… ¡ya lo adivinaron: la sirena!

Burbuja pudo así regresar a su casa, encontró a sus amigos y la calma del estanque. Pero nunca olvidará su extraordinario viaje y a la maravillosa sirena, de quien siempre estará enamorado...

Pom—Pom y los loros verdes

Marc Van Laere

Un buen día, cuando Pom—Pom caminaba por el jardín, escuchó un ruido raro. No prestó mucha atención, porque la naturaleza está llena de murmullos, ruidos y cantos de pajaritos...

Una mañana, muy temprano, cuando todavía estaba en su cama, volvió a escuchar el mismo ruido.

Como ese ruido, más bien debería yo decir rechinido, que venía del exterior, le pareció extraño, se levantó rápidamente. Al acercarse a la ventana abierta vio ¡a un loro posado sobre una de las ramas del manzano! Sí, un periquito, tal como les digo. Un periquito verde en el jardín...
"No es posible, pensó Pom—Pom. Por estos lugares no andan loros libremente por los árboles".
No... Pom—Pom no creía lo que sus ojos veían: UN loro, tal vez era posible, ¡pero TRES...!
En un instante, Pom—Pom se vistió y salió corriendo. Repetía, una y otra vez: debo estar soñando, o se trata de una broma. Seguramente son unos loros disecados.

—¡Claro que no!, oyó que decían, estamos vivos. ¡Buenos días!... ¿Cómo te llamas?

¡Si hubieran visto la cara de Pom–Pom! No sólo no se había dado cuenta de que había expresado sus pensamientos en voz alta, sino que ahora uno de los loros le dirigía la palabra... De acuerdo, todo el mundo sabe que los loros pueden hablar. ¿Pero dónde se ha visto que un loro haga preguntas y hable además un excelente español?... Pom–Pom, que era extremadamente educado y curioso, le preguntó al loro que parecía ser el jefe:

—¿Quiénes son ustedes? ¿De dónde vienen? ¿Y qué hacen aquí? ¿Cómo hablan tan bien el español?

—Escucha, le contestó el loro. Es muy sencillo, nacimos en Guatemala. Nuestro abuelo vivía en el Amazonas, en Brasil. Pero un día llegaron a la selva unos cazadores muy extraños. No llevaban fusiles, sólo unas redes muy grandes que lanzaban sobre las ramas de los árboles donde nuestra familia tenía su nido. Fue así como atraparon al abuelo y a la abuela; los encerraron en una jaula, con muchas otras aves. Y los subieron a un enorme avión. Después de un largo viaje, durante el cual pasaron hambre, sed y les faltaba el aire, los bajaron en un aeropuerto, donde unos señores los recogieron para llevarlos a su tienda. Allí estaban un poco mejor, les daban de comer y de beber regularmente. Pero no se comparaba con su hermosa selva. No dejaban de pensar en ella, sobre todo cuando veían por la vitrina el sol... Sentían que les dolía el corazón...
Cierto día, una dama entró en la tienda. Tenía un aspecto
amable y simpático.
Pidió ver a mis abuelos, y después de pagarle al vendedor,
se los llevó a su casa.

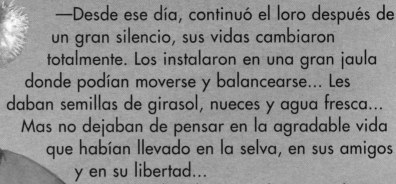

—Desde ese día, continuó el loro después de un gran silencio, sus vidas cambiaron totalmente. Los instalaron en una gran jaula donde podían moverse y balancearse... Les daban semillas de girasol, nueces y agua fresca... Mas no dejaban de pensar en la agradable vida que habían llevado en la selva, en sus amigos y en su libertad...

Así pasaba el tiempo, hasta un día en que la dama no cerró bien la jaula, mis abuelos empujaron la pequeña puerta con el pico y las patas, salieron al salón y, al no ver a nadie, arriesgaron el todo por el todo. Como era verano, la ventana estaba abierta de par en par, remontaron el vuelo y... ¡yuupi!, recobraron su libertad.

Estaban locos de alegría, desplegaban sus alas todo lo que podían y volaban de aquí para allá... Sólo necesitaban un lugar donde protegerse. No era fácil en una gran ciudad... No se encuentran muchos espacios aislados, ni árboles con mucho follaje para hacer un nido. Pasó bastante tiempo antes de que el abuelo y la abuela descubrieran un parque lleno de hermosos árboles. Allí encontraron un poco de calma, ya casi no se escuchaba el ruido de los autos y de los tranvías... Se instalaron en un árbol. Era un buen momento, porque la abuela necesitaba un nido muy confortable para depositar sus huevos. ¡Pues sí, iba a ser mamá! Algún tiempo después nacieron nuestros padres. A ellos les gustaba vivir en el parque... Claro, porque no habían conocido el Amazonas y sus inmensos árboles llenos de flores.

—¡Qué historia!, exclamó Pom–Pom.

Muy pronto, continuó el loro, papá y mamá crecieron y construyeron un nido para ellos dos. Mamá nos contó cómo papá recogió ramitas y musgo y, con un poco de barro, le preparó el más hermoso y confortable de los nidos.

Una hermosa mañana de primavera nacimos mi hermano, mi hermana y yo. Éramos muy felices viviendo en familia. Nos habíamos acostumbrado al clima, al calor y a la humedad. La gente del vecindario se había familiarizado con nuestra presencia, nos llevaban migajas de pan y granos. Vivíamos en paz. Eso hubiera continuado por mucho tiempo, si no hubiera sido por algunas personas que empezaron a quejarse. Decían que hacíamos mucho ruido y lo ensuciábamos todo, por ello era necesario deshacerse de nosotros (aun cuando teníamos mucho cuidado de no acercarnos a los automóviles). Presenciamos unas terribles disputas entre la gente que quería que nos quedáramos y entre los que querían eliminarnos... Se había acabado la felicidad. Papá fue cobardemente asesinado una noche por un tirador solitario; mamá estaba tan triste que murió poco después. Y nosotros, huérfanos y perdidos en esa ciudad hostil, sólo pensábamos en una cosa: irnos, irnos lejos, donde encontráramos un poco de calma... Hace dos días, antes del amanecer, emprendimos el vuelo. Vagamos durante mucho tiempo, de ciudad en ciudad, de pueblo en pueblo, de granja en granja... Y cuando por fin llegamos aquí, vimos cuánto quiere a los pájaros la señora que vive en esta casa. Cada mañana, después de su desayuno, suavemente y sin hacer ruido para no asustar a los animales, deposita pan y pequeños pedazos de carne sobre la hierba, y cuelga en el nogal pequeñas bolsitas perforadas con semillas de girasol... Comprendimos que ¡al fin! habíamos encontrado un lugar donde refugiarnos, donde nadie nos trataría mal y podríamos emprender una vida normal, en contacto con la naturaleza, sin correr el riesgo de que nos disparen...

85

Pom–Pom había escuchado con emoción a los loros. Tenía los ojos húmedos. Con una gran sonrisa les dijo:
—Me llamo Pom–Pom; estoy muy contento de que estén aquí y quiero ser su amigo.
Desde ese día nunca se separaron.

Juanito, el caracol

Patricia Kawa

Juanito vive con su mamá en un gran bosque. Adora los árboles donde se pasa el día paseando por las ramas.

Juanito inventa muchos juegos con sus compañeros. Todos sus amigos se divierten mucho. Juanito está muy orgulloso porque casi siempre les gana en las carreras.

Cada día, antes de la comida, Juanito deja a sus amigos porque mamá lo lleva a dar un gran paseo. Le gusta descubrir las pequeñas flores de colores, respirar su perfume y saludar a las ardillas que corren a verlos. Pero hoy, cuando mamá lo llama, la respuesta se hace esperar. Mamá caracol acaba por impacientarse.

"¿Dónde pudo haberse escondido?", se pregunta.

Lo busca por los árboles de gran follaje verde, donde con frecuencia se encuentra.

¡Le gusta tanto jugar en ese lugar! En efecto, descubre su caparazón a lo lejos.

—Y bien, ya van dos veces que te llamo, ¿qué estás haciendo?

No hay respuesta. Mamá empieza a preocuparse. Su hijo no acostumbra permanecer en silencio. Se acerca al caparazón de Juanito y echa una mirada al interior. Está muy pálido, mamá nunca lo había visto así.

Sin perder tiempo, mamá caracol llama al doctor Caracolino.

Después de examinar a Juanito, el médico lo manda al hospital a fin de que lo curen como debe ser.

La gentil enfermera, la señorita Caracola, entra en el cuarto.

—Buenos días, Juanito, voy a darte una medicina para que te alivies.

Juanito se siente muy débil, abre un poco la boca y escupe la medicina.

—¡Tiene un sabor horrible!, exclama haciendo gestos.

—Tienes razón Juanito, dice mamá tranquila. No tiene buen sabor; sin embargo, para sentirnos bien debemos tomar las medicinas aunque tengan mal sabor. Para eso hay que ser muy valiente, es cierto, muy valiente, y yo te ayudaré a tener valor.

Juan mira a su mamá que le sonríe.

Con dificultad se toma las medicinas, no sin hacer un gesto de disgusto.

—¿Quieres jugar Juanito?, le pregunta mamá para distraerlo un poco.

Juanito sacude la cabeza de izquierda a derecha.

—¿Quieres que te lea cuentos?

Juanito baja tristemente los ojos.

Su mamá comprende que él sólo tiene ganas de que lo dejen tranquilo.

Sus amigos lo visitan para animarlo.

Pero Juanito no tiene fuerzas para verlos.

Mamá les explica amablemente que pueden regresar más tarde, cuando Juanito se sienta mejor.

Y suavemente, sin hacer ruido, ni decir palabra, se sienta a su lado.

En el silencio de la noche, la mirada de Juanito y la de su mamá se cruzan, y en sus ojos se puede ver todo el amor, la ternura y el cariño que sienten el uno por el otro.

El canto del gallo

Véronique Tardivel

El día todavía no había escapado de las tinieblas y la noche continuaba arrojando sobre el mundo su denso silencio.

Sin embargo, Kiko, el gato, y Mitón, el perro, se despertaron como de costumbre a la misma hora.

—¿Qué pasa?, exclamó Kiko. Todavía es de noche, aún no amanece. ¡Es muy extraño!

El perro Mitón respondió:

—Sin embargo, ya es hora de levantarse. ¿Adónde se habrá ido el Señor Día? ¿Por qué se esconde detrás de la Tierra...? ¿Estará cansado?

Kiko reflexionó unos instantes y dijo en tono preocupado:

—Apuesto a que es otra travesura de la Señora Noche. Ella no quiere dejarle su lugar al Señor Día, por temor a que revele sus secretos.

De pronto, Kiko y Mitón se sobresaltaron; habían escuchado ruidos de pasos que, en la oscuridad, sonaban misteriosos y tenebrosos.

—¿Quién anda por ahí?, preguntó Kiko.

—Soy yo, amigos, no teman. Soy Yani, el conejo, su vecino.

—Ha ocurrido una gran desgracia, prosiguió Yani. Rinrunet, el gallo, no ha cantado esta mañana y es por eso que no ha salido el sol.

—¿Por qué Rinrunet no ha cantado esta mañana? ¿Está enfermo?, preguntaron Kiko y Mitón.

—Pues bien, amigos míos, nunca en mi vida había visto algo así, respondió Yani.

—¿Qué viste?, dijeron a coro Mitón y Kiko, impacientes e inquietos a la vez.

—Vi a Rinrunet colgado del palo de su gallinero, con la cabeza hacia abajo. Sí, amigos, con la cabeza hacia abajo, insistió como para convencerlos de que no era producto de su imaginación.

—Está ebrio, bebió durante toda la noche en la taberna del señor Limán y pobre del que se le acerque, el vapor de alcohol que exhala podría matar a cualquiera, continuó.

—¡Oh, qué terrible!, respondieron sorprendidos Kiko y Mitón. ¡Vamos a despertarlo inmediatamente!, decidieron el gato y el perro.

A tientas, atravesaron la negra noche y llegaron junto a Rinrunet.

—¡Hey, Rinrunet, despierta!, le gritaron sus amigos dándole golpecitos en el pico.

Rinrunet abrió un ojo, luego el otro y sacudió la cabeza vigorosamente para poner orden en su pequeño cerebro aturdido por el alcohol. Veía a sus amigos al revés.

—¡Vamos, levántate ahora!, insistieron con vehemencia Kiko y Mitón.

Rinrunet dio un brinco, se detuvo sobre el palo del gallinero y, vacilante, les dijo estas palabras:

—¿Qué hacen a estas horas de la noche?

—Pues debes saber que ya no es de noche. Todavía no amanece por tu culpa. Sólo tu quiquiriquí puede hacer que llegue el día. ¡Canta ahora mismo!, protestaron sus amigos.

—No quiero cantar porque soy un gallo muy infeliz, respondió Rinrunet sollozando.

—¿Por qué no quieres cantar?, preguntaron Kiko, Mitón y Yani.

—Nadie me quiere, estoy solo y triste, mi canto molesta y despierta a todo el mundo. No pasa una mañana sin que alguien me insulte. Ayer, la granjera me arrojó una cubeta de agua fría para que me callara. Soy el más desdichado de los gallos, respondió Rinrunet.

La granjera, inquieta al ver que no amanecía, fue al gallinero; cuando escuchó las lamentaciones de Rinrunet, le suplicó:

—Pobre Rinrunet, perdóname por haber sido tan mala contigo.

94

En ese momento, todos los animales de la granja fueron a abrazar a Rinrunet y le dijeron cuánto lo querían.

Feliz, Rinrunet entonó su más hermoso quiquiriquí.

Apenas había terminado de cantar cuando el cielo se iluminó y la Tierra devoró las últimas sombras. Con todo su esplendor, la luz del sol alumbró el mundo.

Todos se alegraron y organizaron una fiesta en honor de Rinrunet, quien prometió no volver jamás a la taberna del señor Limán.

Kirú, el pequeño canguro curioso

Françoise Bobe

Había una vez un lindo y gracioso canguro de Australia, recién salido de la bolsa de su mamá, al que llamaron Kirú. Cuando creció un poco, correteaba por todas partes, se interesaba en todo y se sorprendía por todo.

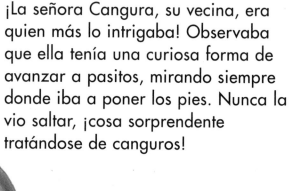

¡La señora Cangura, su vecina, era quien más lo intrigaba! Observaba que ella tenía una curiosa forma de avanzar a pasitos, mirando siempre donde iba a poner los pies. Nunca la vio saltar, ¡cosa sorprendente tratándose de canguros!

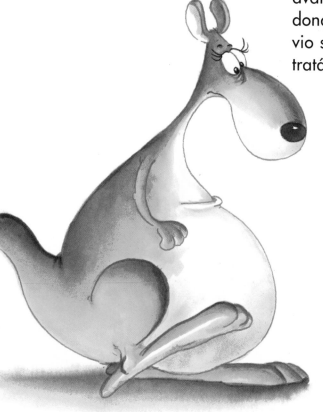

96

¡Lo que más le sorprendía, era su vientre, un vientre tan redondo como un balón!
Kirú se preguntaba qué cara tendría el bebé canguro que se ocultaba allí. ¡Pero
nunca vio ni la punta de una oreja o de una nariz que se asomara por esa bolsa!
Un día en que sus caminos se cruzaron, Kirú corrió hacia ella y la saludó muy
educado:
—¡Buenos días, señora Cangura!... Me llamo Kirú y vivo cerca de su casa.
—¡Buenos días, pequeño! ¡Buenos días, Kirú!
Y Kirú seguía haciéndose las mismas preguntas: ¿Por qué su bolsa estará tan
redonda? ¿Por qué no salta? ¿Por qué siempre tiene prisa? ¿Por qué...?

De pronto, una luz iluminó su mente:
"En su bolsa tan redonda debe ocultar algo más que un bebé canguro. Ella no
salta. Eso quiere decir que lleva algo muy valioso y teme perderlo... ¿Qué puede
ser? Mañana se lo preguntaré".
Cuando le hizo la pregunta, la señora Cangura respondió levantando una oreja:
—¡Escucha Kirú, creo que tu mamá te llama!
Kirú regresó a su casa y no supo nada más.

Entonces, a Kirú se le ocurrió otra idea. Se acercó a casa de la señora Cangura y observó por el ojo de la cerradura. Entrecerró los ojos varias veces para estar seguro de que era cierto lo que veía. Así de grande fue su sorpresa: la señora Cangura había vaciado su bolsa para descansar y junto a ella se elevaba ¡una verdadera montaña de pepitas de oro!

"¡Así que eso era lo que le impedía saltar y hasta perder el tiempo en charlas! Pobre señora Cangura", pensó alejándose en silencio sobre la punta de sus patas. ¡Esa no era vida de canguro! ¡Qué difícil debía ser tener que cuidar un tesoro así…!

98

Un día cuando brincaba por aquí y por allá, vio que algo brillaba bajo el sol: era una pepita dorada.
A dos brincos de allí, vio otra y luego otra más…
Levantó la nariz y divisó a lo lejos a la señora Cangura.
"¡Está tirando su tesoro!, pensó, ¡le daré alcance!"

Cuando llegó, junto a ella, con sus manos llenas de pepitas de oro, le dijo:
—¡Señora Cangura, creo que su bolsa está rota!
La señora Cangura lo miró sorprendida. Luego, por primera vez vio que parecía no tener prisa.
Sonrió a Kirú y le dio algunas pepitas de oro en agradecimiento.

Desde ese día, la señora Cangura dejó de ser la misma. Ya no tenía el vientre redondo como un balón y daba brincos de felicidad, como todos los canguros. Kirú nunca se atrevió a preguntarle dónde había escondido todas sus pepitas de oro...

Algún tiempo después Kirú volvió a encontrarse a la señora Cangura, quien parecía feliz de verlo.
—Tengo un secreto que contarte, le dijo.
Luego le murmuró algo al oído. Los ojos de Kirú se iluminaron, porque ahora, en el fondo de su bolsa, la señora Cangura ocultaba otro tesoro: ¡un adorable canguro!

Los tres amigos

Crépin Nkot

Eran las seis de la mañana. Todo brillaba al este de la montaña. Estaba amaneciendo. El invierno había terminado y llegaba el momento de que las aves migratorias viajaran de los países cálidos a los países templados. Iban a celebrar la fiesta de la primavera con los niños de las aldeas. Los pájaros más fuertes y más rápidos instalaban sus nidos en los árboles disponibles, a fin de protegerse de los depredadores.

En el transcurso de ese viaje, que duró varias semanas, un pequeño pájaro azul fue herido.

—¡Ay, ay, ay!, gritaba el pájaro azul.

Pero los otros pájaros no se daban cuenta de nada y continuaban su viaje, excepto uno, que era el mejor amigo del pequeño pájaro azul.

El pájaro azul perdió altura y descendió hasta el suelo. Su amigo aterrizó cerca de él y le preguntó:

—¿Qué te pasó?

El pájaro azul gemía de dolor:

—Fui arrollado por los demás. Luego, caí pesadamente y me lastimé un ala.

—Me siento muy triste por ti, respondió el amigo del pequeño pájaro azul. Nuestro viaje es todavía muy largo, y la noche puede sorprendernos antes de llegar al poblado más próximo.

—Tengo miedo de no poder volar, se lamentó el pájaro azul llorando.

Su amigo lo consoló y le acarició el ala herida.

—¡No llores, debes ser valiente!, le dijo.

El pájaro azul reanudó penosamente su vuelo, pero no podía recorrer grandes distancias.

—¡Espera! ¡Detente!, le gritó a su amigo. De nuevo me siento muy mal.

Su amigo obedeció y descansaron en el suelo. Juntos siguieron su camino volando, deteniéndose a veces para descansar. Por fin llegaron a una aldea, mucho después que los otros pájaros. El pájaro azul estaba tan agotado que no tenía fuerzas para construir su nido. Su amigo quiso ayudarlo. Pero ya era muy tarde y el sol se ocultaba tras las montañas. Poco a poco, la noche se extendía por el pueblo. Al amigo del pequeño pájaro azul le preocupaba no terminar su tarea antes del anochecer.

El pequeño pájaro azul dijo:
—Ya va a caer la noche y tengo mucho miedo del señor Gato. Tratará de atraparnos si nos ve en el suelo.
—¡Sí, debemos buscar un escondite pronto!, respondió el amigo del pájaro azul.
—Y si nos vamos más lejos, al otro pueblo, el gato no nos encontrará, añadió.

Al pájaro azul le pareció una buena idea, pero ya no podía volar, su ala herida se inclinaba y casi tocaba el suelo. Su amigo dijo:
—¡Quédate aquí! Voy a ver si encuentro un escondite por los alrededores.
Como el pájaro azul no quería quedarse solo, acompañó a su amigo a buscar abrigo.
—Mira allí hay un abedul. ¡Haz un pequeño esfuerzo!
Cuando llegaron junto al abedul, el amigo del pájaro azul preguntó:
—¿Hermoso abedul, podrías cobijar a mi amigo que tiene un ala rota? Venimos de muy lejos y está muy cansado.
El abedul respondió:
—Me da mucha tristeza lo que le pasa a tu amigo, veo que tiene un ala rota, pero soy muy joven aún para poder alojarlos. Mis ramas son muy frágiles y mis hojas muy pequeñas. Tu amigo no estaría seguro conmigo; cualquier gato que pasara cerca de mí lo vería y trataría de atraparlo.
Decepcionados por esta respuesta, los dos pájaros decidieron acercarse a otro árbol.

103

—¡Hola, señor Roble!,
tengo la certeza de que
podrá ayudarnos, dijo el
pájaro azul.
   —¡Sí, estarás más seguro con él.
Su tronco es más grueso que el del joven abedul y sus
ramas más sólidas también!, respondió con
entusiasmo el amigo del pequeño pájaro azul.
   Cuando llegaron a la altura del árbol le dijeron:
   —¡Qué felices estamos de encontrarlo, señor
Roble! Seguramente tendrá una solución
para nuestro problema.
El roble, sonriendo, les respondió:
—Siempre estoy dispuesto a escuchar a
todos los pájaros. ¿Qué problema tienen?
El amigo del pájaro azul contestó:
—Mi amigo tiene rota un ala que arrastra por el
suelo desde hace mucho tiempo, y está agotado.
¿Podrías abrigarlo en tu casa esta noche?
El roble respondió:
—Siento mucho lo que le pasa a tu amigo, pero
temo no poder albergarlo en mi casa; llegan un
poco tarde. En mis ramas viven numerosas familias
de pájaros que han llegado esta mañana y los
únicos lugares que quedan disponibles están en lo
más alto de mi copa. Tu amigo no podrá llegar
hasta allí.

De nuevo decepcionados, los dos amigos siguieron buscando un lugar donde poder descansar. El pájaro azul estaba a punto de desmayarse y sólo podía avanzar brincando. Ese movimiento le costaba mucho trabajo por ello, nuevamente, empezó a llorar. Su amigo le dijo:

—No llores. No debemos perder las esperanzas y no me gusta verte así.

El pájaro azul, con su ala rota, siguió avanzando dolorosamente.

—¡Mira!, exclamó de pronto su amigo. ¿Qué piensas de ese pino? ¿Crees que quiera albergarte esta noche?

Se acercaron al pino y éste, extrañado por la visita, abrió sus ojos sorprendido.

—¡Esta sí que es una gran sorpresa! ¡A mí me encantan las aves, pero todas me tienen miedo!, dijo.

El amigo del pájaro azul se dirigió al pino con estas palabras:

—Pequeño pino, la noche está cayendo. Debo encontrar un abrigo para mi amigo, que tiene rota un ala, y para mí también. ¿Aceptarías abrigarnos esta noche?

El pequeño pino le respondió:

—Si no le tienen miedo a mis agujas pueden alojarse en mi casa todo el tiempo que quieran.

Contentos por esta respuesta, el pájaro azul y su amigo agradecieron su bondad al pequeño pino, saltaron alegremente, y se acomodaron al abrigo de su tronco. El lugar era muy cálido y el gato no podría verlos.

El pequeño pino, feliz por la compañía de los dos amigos, les propuso que se quedaran todo el tiempo que quisieran.

—Si aceptan permanecer en mis ramas hasta el invierno próximo, les dijo, les presentaré a algunos de mis amigos. Son pájaros muy grandes que seguramente los ayudarán a construir un hermoso y confortable nido.

El pequeño pájaro azul y su amigo aceptaron con entusiasmo su proposición. El sol desapareció definitivamente detrás de la montaña y todo se volvió sombrío. El pequeño pájaro azul y su amigo se durmieron dulcemente. Una gran amistad acababa de nacer entre el pequeño pino, el pequeño pájaro azul que tenía rota un ala, y su fiel compañero.

106

Arturo

Marie-José Bardinat

Arturo era un hermosos elefante que vivía en África. Se pasaba todo el día agitando sus magníficas orejas. Tenía una esposa y tres hijos. Aquel año, en la sabana donde vivía, no había llovido y no se veía agua por ninguna parte. No había nada que comer: la tierra se había quemado por tanto calor y el río estaba seco. Le explicó a su esposa que debían ir a la ciudad; allí encontraría trabajo y podría alimentar a su familia.

Se pusieron en camino. Los pequeños elefantitos estaban felices de partir y de poder conocer la ciudad; para ellos era un lugar de ensueño.

Cuando llegaron cerca de la ciudad, instalaron su campamento. A la mañana siguiente, Arturo fue muy temprano a buscar trabajo. Llegó a una calle que estaba llena de tiendas pero se preguntó, ¿qué podría hacer yo aquí?

Un elefante no es un ratón, es algo grande, muy grande y pesado. No podría trabajar en una tienda, nunca habría suficiente espacio para él.

Llegó a una gran plaza donde estaban construyendo un edificio. Se detuvo para mirar. El jefe de la construcción lo vio y se acercó a él:

—¡Buenos días! ¿Buscas trabajo?

—¡Buenos días!, respondió Arturo. Sí, quiero trabajar.

El jefe le propuso que moviera barras de hierro con su trompa. Le pagaría cada día por eso.

Arturo trabajó hasta la tarde y regresó con su esposa y sus hijos al anochecer. Había comprado provisiones y todos juntos disfrutaron de una deliciosa cena.

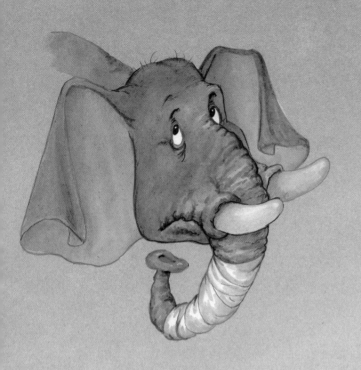

De pronto se dio cuenta de que se había cortado la trompa. Su esposa lo vendó pero, cuando llegó la mañana, era incapaz de levantar una hoja. Se sentía muy mal.

De todos modos salió, esperando encontrar otro trabajo. Atravesó toda la ciudad y descubrió, frente a un garaje, a unos hombres que lavaban coches. Llevaban cubos de agua, frotaban, enjuagaban y secaban las carrocerías.

Por jugar, Arturo metió su trompa en un cubo y arrojó el agua por los aires. Los hombres se detuvieron para mirarlo.

—¡Fantástico!, exclamó un hombre que llegó corriendo: ¡estás contratado!

Arturo no entendía muy bien lo que tenía que hacer. El hombre le llevó un automóvil con la orden de lavarlo lo más pronto posible. Arturo comprendió: aspiró agua con su trompa y la roció sobre el vehículo, así lo hizo varias veces.

Por la noche, había lavado diez autos. Los clientes estaban muy contentos. Recibió un buen salario y le ofrecieron un empleo definitivo en el garaje. Compró flores para su esposa y dulces para los pequeños. Volvió a su casa muy feliz. Cuando entregó los regalos, su mujer le preguntó en qué consistía su trabajo.

—Adivinen, les dijo. Voy a darles una pista.

Introdujo su trompa en un cubo y lanzó el agua por los aires.

—Eres una fuente, dijeron los niños a coro. ¡Nuestro papá es "una fuente"!

Arturo sonrió y aplaudió.

—¡Bravo, acertaron!

Los pequeños elefantes adoran jugar con el agua, por ello, para los hijos de Arturo, éste no era un trabajo, sino un juego. "Una fuente, ¡qué felicidad!"

—Papá, preguntó su pequeña hija, ¿puedes hacer otra vez la fuente, sólo para nosotros?

Arturo la hizo y la volvió a hacer. Por fin los niños se fueron a acostar, cansados pero felices.

111

Su esposa lo miró:

—¿En qué consiste realmente tu trabajo, Arturo?

—Soy "una fuente", dijo sonriendo. Los adultos lo llaman "lavador de autos", pero los niños tienen razón: "una fuente" es mucho más divertido. De ahora en adelante seré "una fuente".

Su esposa sonrió: qué importa la realidad de las cosas, si con un poco de imaginación puede agregarse algo de poesía.

Arturo se convirtió así en el primer elefante "fuente".

Después muchos otros lo imitaron. Los elefantes son muy listos para lavar los coches.

La boa y el chimpancé

Marie-José Bardinat

Una joven boa llamada Beba se paseaba por la selva. Trepaba por los árboles y se divertía descendiendo con rapidez, deslizándose a lo largo del tronco como si fuera un tobogán. Beba, por supuesto, no conocía los toboganes, porque no existían en la selva tropical. Había inventado ese juego sólo para pasar el tiempo. Beba era una bebé boa. Todavía estaba muy pequeña pues apenas medía un metro. Era adorable, graciosa y siempre estaba dispuesta a ayudar a todos.

Desgraciadamente, tenía pocas ocasiones para mostrarse servicial. En cuanto se acercaba, todos los animales huían. Escuchaba el ruido que hacían al correr cuando se aproximaba a ellos. Beba se preguntaba por qué la trataban así: nunca le había hecho daño a nadie.

Si Beba hubiera tenido mamá le hubiera preguntado, pero Beba vivía sola desde mucho tiempo atrás y no sabía dónde encontrar a sus padres.

Beba tenía un sueño. Quería encontrar un amigo, un amigo con quien jugar, con quien hablar. ¿Pero cómo se hace para encontrar un amigo? Especialmente cuando todo el mundo huye al vernos.

Un buen día, mientras Beba trepaba por un árbol, escuchó un gran ruido. Antes de comprender lo que pasaba, recibió un buen golpe en la cola.
—¡Ay!, gritó dando la vuelta.

Entonces vio a un chimpancé inconsciente sobre la hierba. Se acercó lentamente y con mucho cuidado, porque no quería asustar a ese pequeño compañero que había caído del cielo.

Muy suavemente tocó el brazo del animal, pero él no reaccionó. Beba podía ver que el chimpancé respiraba. Decidió esperar a que despertara y, mientras, lo cuidó. ¡Parecía tan frágil! Era necesario protegerlo de las fieras que podrían devorarlo.

Pasaron algunos minutos. El chimpancé empezó a moverse. Beba se quedó tranquila. El pequeño abrió los ojos y, al ver a Beba, lanzó un grito.

—No temas, le dijo Beba. Soy tu amiga, no tengas miedo. Te caíste del árbol sobre mi cola y me quedé esperando a que te despertaras. Me llamo Beba.

El pequeño chimpancé no respondió nada, pero la miró con sus grandes ojos redondos.

—Buenos días, dijo con prudencia, y gracias.

Titubeó y continuó:

—Me llamo Pimpín.

—¡Buenos días, Pimpín!, respondió Beba. Estoy feliz de haberte conocido. ¿Quieres jugar conmigo?

Un brillo de temor pasó por los ojos de Pimpín.

—Es que…, empezó a decir.

Beba esperó a que continuara. Pimpín la miró largamente.

—Es que… tú eres una boa.

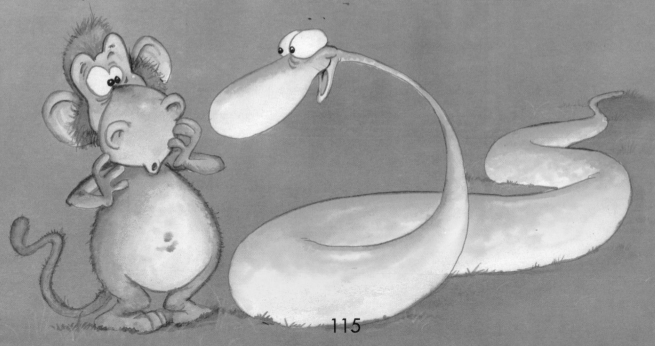

—¿Y no te gustan las boas?, preguntó Beba.

—Lo que pasa… empezó de nuevo Pimpín, es que las boas se comen a los chimpancés. Y yo soy un chimpancé. ¿Me vas a comer?

Beba estaba horrorizada.

—¡Por supuesto que no!, exclamó. Nunca me he comido a un chimpancé. Puedo jurarlo.

Pimpín se sorprendió, pero creyó lo que Beba le decía.

—Bueno, en ese caso, sí quiero ser tu amigo. Pero prométeme que nunca vas a devorarme. Beba lo prometió.

—Como hojas y frutos. Pero nunca un animal, le dijo.

Beba y Pimpín se pusieron en camino. Cuando Pimpín tuvo hambre, jugaron a las carreras para ver quién llegaba primero a lo alto de un árbol. Pimpín ganó y rieron mucho mientras comían. Luego, Pimpín lanzó una fruta en dirección a Beba gritando:

—¡Atención, esta es una batalla de frutos podridos!

Beba respondió lanzando otro fruto. El combate duró mucho tiempo, hasta que ya no pudieron más.

—Estoy cansado, dijo Pimpín.

—Yo también, respondió Beba. Vamos a dormir. Quédate cerca de mí y así nadie te hará daño.

Beba formó un hermoso anillo con su cuerpo. Pimpín se acomodó en el centro de ese nido improvisado durmiéndose al instante.

Beba lo miró con afecto:

—Qué bueno es tener un amigo, dijo, y cerró a su vez los ojos.

Así pasaron los meses. Beba y Pimpín no se separaban nunca. Los días transcurrían jugando y riendo. Pimpín se convirtió en un magnífico chimpancé y Beba, en una boa de un tamaño impresionante. Beba era muy feliz. Los dos amigos ni siquiera se daban cuenta de que habían despertado la curiosidad de toda la selva. Los animales llegaban para observarlos de lejos. ¡Una boa y un chimpancé que siempre estaban juntos! Eso parecía imposible y, sin embargo, era cierto. Nadie entendía. Pero Beba y Pimpín, por su parte, no se hacían ninguna pregunta. Estaban muy contentos y con eso bastaba.

Un día, Beba le dijo a Pimpín:

—Ahora entiendo por qué todo el mundo huye de mí. Les doy miedo a todos los animales a causa de mi tamaño y de mi fuerza. Pero están equivocados, nunca le haré daño a nadie.

—Lo sé, respondió Pimpín, pero hay que comprenderlos. En general las boas se alimentan de animales. No saben que tú eres vegetariana.

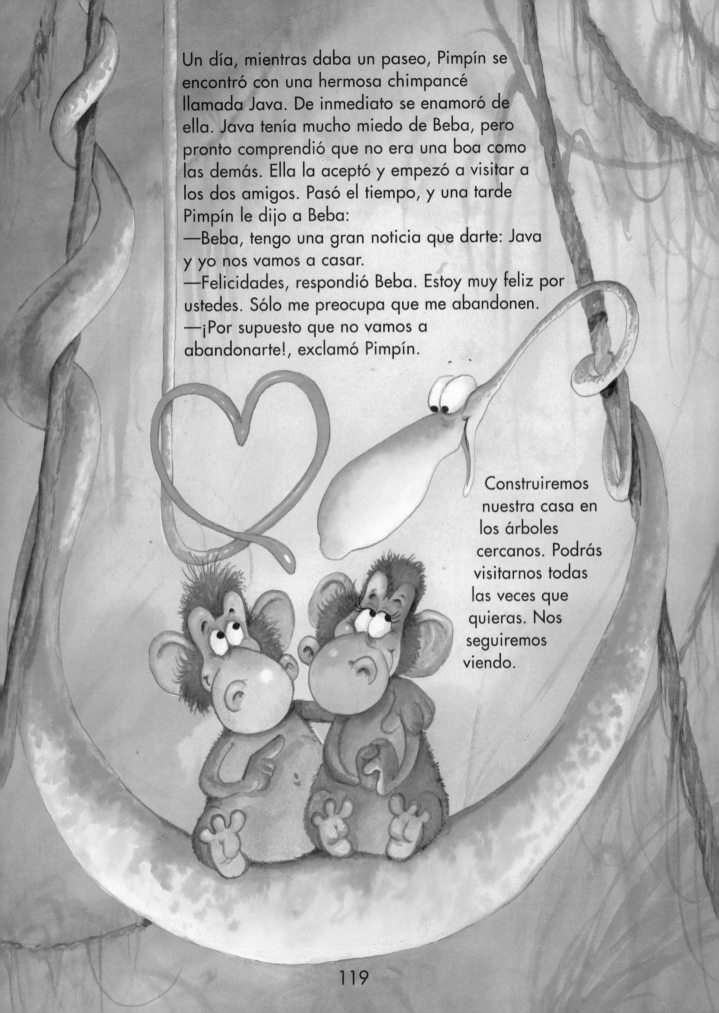

Un día, mientras daba un paseo, Pimpín se encontró con una hermosa chimpancé llamada Java. De inmediato se enamoró de ella. Java tenía mucho miedo de Beba, pero pronto comprendió que no era una boa como las demás. Ella la aceptó y empezó a visitar a los dos amigos. Pasó el tiempo, y una tarde Pimpín le dijo a Beba:

—Beba, tengo una gran noticia que darte: Java y yo nos vamos a casar.

—Felicidades, respondió Beba. Estoy muy feliz por ustedes. Sólo me preocupa que me abandonen.

—¡Por supuesto que no vamos a abandonarte!, exclamó Pimpín.

Construiremos nuestra casa en los árboles cercanos. Podrás visitarnos todas las veces que quieras. Nos seguiremos viendo.

Beba se tranquilizó. Los ayudó a construir su casa y, gracias a Pimpín hizo muchos amigos. Pimpín les había explicado que Beba no comía carne.

Pimpín y Java pronto tuvieron bebés. Beba los quería tanto que Java le pidió que fuera su madrina. Y cuando Pimpín y Java querían salir por la noche, ¿adivinen quién cuidaba a los bebés? Beba, por supuesto, que se convirtió en la mejor niñera de toda la jungla.

Beba conseguía dormir tan bien a los pequeños chimpancés y era tan paciente con ellos que, muy pronto, otros animales le confiaron a sus hijos cuando tenían que salir.

Beba amaba tan tiernamente a todos los bebés que le encomendaban que hasta los cuidaba de las otras boas. Le costaba mucho trabajo convencer a sus pequeños amigos de que las boas, a veces, eran peligrosas para ellos. "Sí, les insistía, deben tener cuidado. Algunas boas se comen a los animalitos". Y se prometió velar siempre por la seguridad de sus pequeños protegidos.

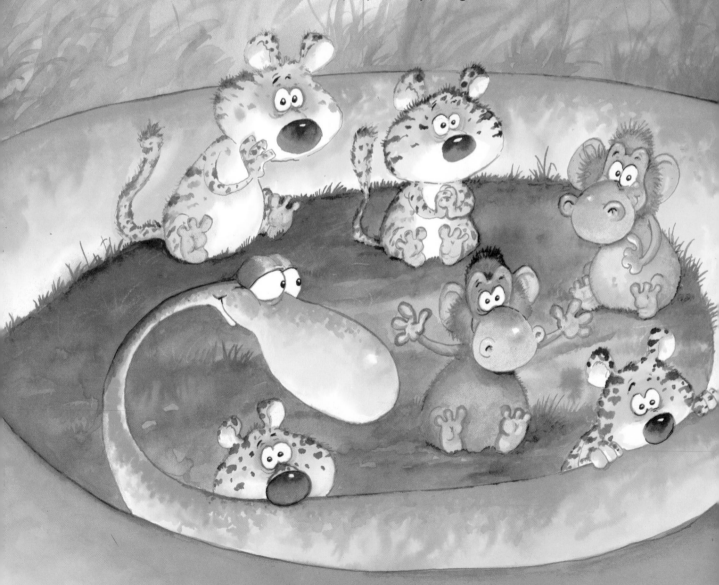

ÍNDICE

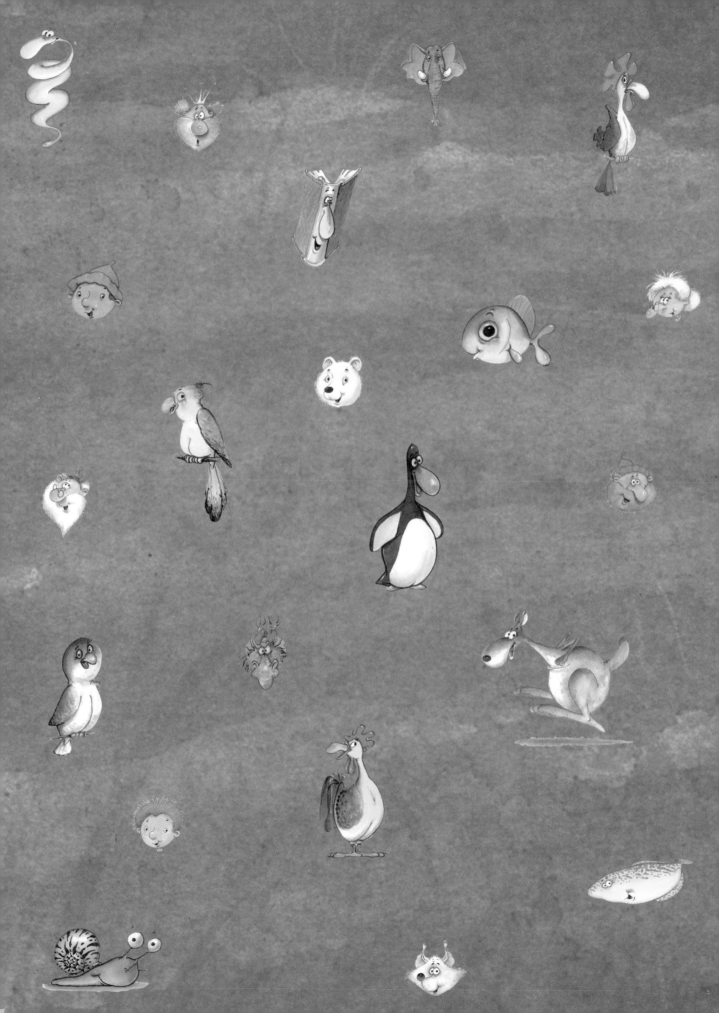